新金融帝国

智能时代全球金融变局

アマゾン銀行が
誕生する日

2025年の次世代金融シナリオ

[日] 田中道昭 —— 著
Michiaki Tanaka

杨晨 —— 译

浙江人民出版社

图书在版编目 (CIP) 数据

新金融帝国：智能时代全球金融变局 /（日）田中
道昭著；杨晨译 . — 杭州：浙江人民出版社，2020.9
ISBN 978-7-213-09782-9

Ⅰ.①新… Ⅱ.①田… ②杨… Ⅲ.①金融—科学技
术—研究 Ⅳ.① F830

中国版本图书馆 CIP 数据核字（2020）第 155210 号

浙 江 省 版 权 局
著 作 权 合 同 登 记 章
图 字：11-2019-394 号

新金融帝国：智能时代全球金融变局

[日]田中道昭 著　杨晨 译

出版发行　浙江人民出版社（杭州市体育场路 347 号　邮编：310006）
　　　　　市场部电话：（0571）85061682　85176516
责任编辑：尚　婧　胡佳佳
营销编辑：陈雯怡　陈芊如
责任校对：陈　春
责任印务：刘彭年
封面设计：异一设计
电脑制版：尚艺空间
印　　刷　浙江海虹彩色印务有限公司
开　　本：710 毫米 ×1000 毫米　1/16　　印　　张：20
字　　数：206 千字　　　　　　　　　　插　　页：4
版　　次：2020 年 9 月第 1 版　　　　　印　　次：2020 年 9 月第 1 次印刷
书　　号：ISBN 978-7-213-09782-9
定　　价：88.00 元

序

　　欣闻日本著名经济学家田中道昭的新书《新金融帝国：智能时代全球金融变局》中文版即将付梓。承蒙浙江人民出版社的邀请，我在第一时间详细阅读了本书的清样，阅读后，深感这是一本值得每一位金融和科技从业者详细阅读的好书。这是因为，日式的金融科技创新虽然长期被我国金融业忽视，但却又是特别值得我们深入思考和学习的"合规样板"，其长期发展潜力更是绝对不容忽视。下面从我本人多次赴日考察学习的实际体会，谈谈为什么日本的金融科技领域非常值得关注。

　　我本人是中国人民大学金融学专业博士毕业，2018 年之前在中央部委下属的研究机构工作，曾任工业和信息化部信息中心工业经济研究所所长等职务。后来，我还应邀主编出版过《2018 中国区块链产业白皮书》等一系列行业报告。可以说，我对金融科技特别是区块链领域的关注由来已久，从 2013 年起，我便开始深入研究区块链等金融科技领域的发展，在 2018 年，我本人更是"All-in"（全身心地投入）区块链，以"链接产业、赋能实体"和普及"区块链思维"为初心，创办了"火币大学"，专门从事以区块链为代表的金融科技教育。

　　在过去的两年中，我曾多次率领由中国新锐企业家和投资人组成的火币大学"全球区块链领导者课程 GBLP"游学团到日本考察学习，重点考察日本金融科技、数字金融、区块链应用以及相关监管法律政策的最新进展。在考察学习过程中，我们与日本金融厅综合政策局政策立案总括审议官松尾元信，日本央行 Finech 中心负责人副岛丰，日本参议院原议员、原外务大臣政务官滨田和幸等高级政治家和监管官员交流了日本金融科技领域的立法思路和监管原则；我们向上智大学法学院教授森下哲朗、一桥大学法学院教授小川宏幸等金融科技领域顶级专家学习了日本前沿理论和最佳实践；我们和东海东京金融控股公司金融科技业务负责人全俊，日本区块链领军企业 EMURGO CBO 吉田洋介，火币日本 CEO 陈海腾，亚洲通讯社社长徐静波，野村证券金融科技业务负责人等日本知名金融科技领军企业家研讨了中日金融科技的行业趋势和最新机遇。

经过和这些顶级专家的多次研讨交流，日本金融科技特别是基于区块链和加密资产的数字金融的产业形态，及其背后的日式创新逻辑也越发清晰，之前我们研讨的 2020 年行业趋势中的一部分正在成为现实，还有一些趋势因为"新冠病毒"疫情的原因推迟了，但我相信在未来一两年内也会一一实现。

恰巧我也看到，田中道昭先生的新书《新金融帝国：智能时代全球金融变局》更是通过大篇幅，系统性描绘了正在发生的日本和全球金融科技变革图景。其中不仅包括三菱日联金融集团、瑞穗金融集团、SMBC 集团这些日本老牌金融机构自我变革的案例，更有乐天、LINE、雅虎软银联盟、SBI 等"跨界竞争"的新金融颠覆者的成长故事，读来有趣又有益，更有启发性。除此之外，他还花了不少篇幅系统性总结了全球范围内金融科技的领先企业的成功经验，其中重点描绘的案例包括亚马逊银行、DBS 银行以及中国的阿里巴巴（蚂蚁金服）、腾讯等。田中道昭先生搜集了大量的资料以解读这些案例，深入浅出地提出了一些可参考、可借鉴、可利用的理论模型，读起来非常精彩。我觉得，读读日本专家眼中的中国互联网巨头金融科技实践，也是一件非常有趣且引人深思的事情，无论是金融科技领域的从业者，还是刚刚开始了解这个行业的"小白"，都能从中获得不少启示。

同时，我在书中也发现了一个严重的问题，由于日本经历了"失去的20年"，人口老龄化等问题也非常严重。同时日本近年来在信息技术领域，特别是金融科技领域也没有特别显眼的成果，因此有些企业家认为日本创新势头已经大不如前，甚至认为日本在新一轮技术革命中"掉队"了，也就是已经落后于中国。但是，根据我之前的实际考察交流和深度研讨的结果，可以认为，书中所说的这种日本"掉队论"是站不住脚的，更是一种严重的误解，背后的原因就在于，中日两国在金融科技方面的创新逻辑和环境存在重大差异。尽管日本企业在具体的实践案例方面的知名度不如中国，相关企业的数量也少于中国，但是日本作为在金融科技特别是加密资产和数字金融领域率先立法和监管的国家，在立法原则、监管逻辑、应用普及等方面在全球范围内具有领先性。这种较为扎实、严谨、开放的监管环境，从长期看，是有利于产业健康持续发展的，因此未来亚洲金融科技的"领头羊"在哪里，这个问题现在还有一定悬念。

因此，我觉得我们应该严肃认真地研究日本学者对于金融科技的思考和研判，细致周到地观察理解日本数字金融领域最新案例，全面深刻地理解日式创新文化，并准确深入地把握日本对金融科技的监管逻辑，这对补齐我们的业务短板、规避风险、推动行业长期的稳健发展将会大有裨益，而文化和认知的"同频"，才能让我们真正有机会与日本领军企业深度合作，进军极具潜力的日本市场。

除去书中所叙述的内容，根据我们的观察，当今日本的金融科技行业有以下三个特点值得特别关注：

一是有预见性的立法和清晰的监管逻辑，使得日本的金融科技创新有着完善而优越的发展环境。例如，日本是全球第一个针对区块链加密资产全面立法的国家，其法律法规正在逐步覆盖区块链产业链上的诸多领域，相关监管水平在世界范围内处于相对领先地位。日本的加密资产监管以反恐怖融资、反洗钱、用户保护这三大要素作为出发点，重点针对八大问题进行监管，即加密资产盗窃风险、虚假夸大宣传、托管机构的应尽义务、操纵市场等不正当行为、匿名加密资产的洗钱风险、交易平台破产清算、保证金杠杆交易以及加密资产发行。

另外，在日本金融科技监管体系中，行业自律组织同样发挥着重要的作用。例如，JVCEA（Japan Virtual Currency Exchange Association）作为日本金融厅官方授权的加密资产交易业行业自律机构，是数字金融监管链条的重要一环。JVCEA 会员单位由日本 22 家合法持牌的加密资产交易所构成，参照《金融商品交易法》对日本的数字货币交易所制定规则和标准操作程序，对各家加密资产交易所及其推荐的项目进行行业自律监管和资料审查，并有权对违反行业规则的公司采取行动。

日本国税厅则将加密资产交易所得的收益归入了"其他收入"栏目，这是全球首个在国家层面对于加密资产相关税收进行明确要求的法律规定。日本的加密资产监管体系已经覆盖加密资产的发行、项目的持续监控和信息披露、交易平台，最后以税收作为抓手，通过详细的法律法规和金融厅、国税局、JVCEA 三大机构共同协作，组成了完整的监管闭环。可以说，日本的区块链应用、加密资产和数字金融监管体系对于全球各国的监管当局有着重要启示和样板意义。

二是坚决采用最新技术，紧跟产业前沿变革趋势。在我们参访日本央行的过程中，副岛丰曾表示：作为重要的金融监管机构，日本央行持续密切第跟踪研究区块链相关应用。日本央行虽然目前暂不考虑发行央行数字货币，但是正在密切跟踪研究区块链技术。我们看到，日本央行正在加快推进与欧洲央行合作基于 Stellar 项目的区块链跨境支付系统。在用于小额支付的稳定币方面，日本主要由商业银行等民间机构进行探索。例如书中就提到，日本三菱 UFJ 银行、瑞穗银行等已经推出稳定币。很多日本大公司更是已经在充分探索后，建立了基于区块链技术的移动支付体系。在日本 52190 家店铺可以直接接受加密资产付款，其中包括电器连锁店 Bic Camera、旅行连锁店 HIS、六本木的奢侈品店等高知名度的商家。火币日本更是通过"区块链 + 公益"的方式，为遭受火灾的世界遗产冲绳首里城进行加密资产链上募捐。日本大型的铁路集团 JR 日本铁路公司（Japan Railways）东日本公司发行的公共交通卡"西瓜卡"（Suica），也或将开放加密资产充值通道。

三是将新技术迅速普及推广到更多的产业领域。原定在 2020 年举办的东京奥运会，虽然因为"新冠病毒"疫情的原因推迟到 2021 年，但日本仍将使用区块链等技术用于食品溯源保障奥运村的食品安全，同时将用于反兴奋剂工作中。在教育领域，日本政府与索尼公司合作融合区块链和 AI 技术建立"智能学校平台"，旨在为每一个学生提供行针对性的精细化教育方案。在诸多区块链的应用中，感谢经济（Thanks Economic）也是一个很具日本特色文化的企业，有日本公司正在尝试用通证经济方式帮助人们表达感谢，让加密资产可以成为个体的荣誉勋章，用区块链实现"做好事，链上留名"的模式让人耳目一新。

为什么日本区块链创新应用普及发展得如此迅速？这和日本稳健扎实的创新风格有关。日本对区块链的包容和商业应用，正与日本企业的经营文化——古老企业现代管理思想紧密关联，不求短期利润最大化，只追求长期价值增长，并注重各利益相关人的紧密盟约关系，这使得日本企业非常注重能够长期创造价值的创新转型，正所谓"不鸣则已，一鸣惊人"。

日本丰富的区块链应用创新体现了这个行业发展的无限可能。21世纪 20 年代将是金融科技之大创新、大应用、大发展的"伟大十年"。据我研究判断，2022 年中国以区块链应用为首的金融科技市场规模将达到千亿规模。21 世纪 20 年代，区块链行业更是会加速进入"区块链 3.0"阶段，链接产业、赋能实体、纳入监管、合规经营将成为区块链行业的主旋律。有效合理的监管会成为行业健康持续发展的重要保障，而全球化的合规意识也将成为全行业从业者的"底线思维"。通过观察日本这一全球区块链"合规模板"，可以有效判断在合规环境下的经营战略，从而提前布局把握"区块链 3.0"的时代先机。

是为序。

火币大学校长、工业和信息化部信息中心工业经济研究所原所长

于佳宁

目 录

CONTENTS

第 1 编
重新审视"金融应有的样子"之战

即将到来的 2025 年 4 月

2025 年 4 月 18 日，铃木和夫（化名，32 岁）在"Amazon Go 四谷店"这家无人便利店买了份午餐，从该店步行至东京四谷地铁站仅需 1 分钟。

3 年前，便利店所在的地方曾是一家大银行的分行，但现在这家大银行在同一建筑物的 5 层仅剩下一间"空中店铺"，该分行专门从事一些公司交易的业务。

截止到 2025 年 4 月，Amazon Go 在北美已经拥有超过 5000 家店铺。就连 4 年前才开始引入的日本，也已经拥有 300 多家店铺。

四谷店是 Amazon Go 在日本开业的店铺中面积最大的一家。除了设有就餐空间外，还有开放式咖啡厅，为顾客自由地工作和学习提供便利。

由于这里之前是那家大银行的分行，所以 Amazon Go 便利店的入口右手边仍旧安装有该银行的 ATM 机。综观现在设有该银行 ATM 机的地方，即便在东京市内也只剩不到 30 处。

中年男性们习惯在存折上记账，但是自从存折收取手续费以来，大家开始普遍利用电子银行管理自己的账户。铃木也一样，在电子银行 APP 上管理自己所有的银行业务。对银行来说，存折虽然落伍了，但仍然被提供给有需求的客户。与存折一样，ATM 机也仅限于在附

铃木和夫
32 岁
创业者

3 年前，便利店所在的地方曾是一家大银行的分行，现在这里的 5 层只剩下一间"空中店铺"。便利店 1 层入口右手边仍旧安装有一个该银行的 ATM 机，综观东京市内装有该银行 ATM 机的地方也已经不到 30 处，而且存折收手续费。

○○银行

通过 PayPay 获得工作报酬，并支付研讨会费用

选好商品，即可离开商店的 IoT 结算

Amazon Go
四谷店

WeWork
四谷三丁目店

新宿大街

乘坐共享汽车公司 Lyft 的无人驾驶出租车

用乐天支付付款

即将到来的 2025 年 4 月

近商店的现金消费者们，或是对去现金化有较强抵触者使用。我们认为，为了帮助继续使用现金的人而保留 ATM 机，被认为是颇具日本特色的一种行为方式。

铃木和客户曾一起拜访过位于 5 层的那家大银行。那时，铃木一行和这家投资银行的业务代表，曾就一项方案进行了面对面的洽谈。从这一行动可以看出，即便到了 2025 年，还是会有不少人倾向于将专业性强、需要信任度的交易业务交由银行来打理。

感觉不到在进行银行交易的舒适体验

Amazon Go 四谷店备有手机扫码和面部识别两种进店方式，选择哪种进店方式可由用户自行决定。不过，如果从无现金结算的角度看，前者属于物联网（IoT）结算，后者属于面部识别结算。

铃木在 Amazon Go 购物时，会使用亚马逊银行账户的自动扣款功能完成支付。在这里，支付币种是亚马逊在其规模经济贸易区内发行的通用货币——"亚马逊币"。3 年前，亚马逊在日本成立了电子银行，自此以后便被许多人当作线上 / 线下分支机构以及日常生活的支付工具。亚马逊银行的宗旨是"感觉不到在进行银行交易的舒适体验"，即丝毫没有在实体店里进行消费的不适感。

通过去现金化实现社会自动化

今天，铃木选择了一份 500 日元的三明治和一瓶 150 日元的茶饮作为午餐，待他拿到手后"直接离开"便完成了购物和支付。要知道在两年前，车站对面的便利店里，午餐时间还经常能看到 10 人以上排队结账的场景。相反，在 Amazon Go 里面，即便人再多也都是十分便捷，还"拿完即走"。而且，Amazon Go 里面售卖的三明治味道甚至不亚于附近西餐厅或茶饮店售卖的三明治。由此可见，Amazon Go 无论是价格还是购物时间上都非常划算。

铃木一离开 Amazon Go，就坐进了一辆停在便利店门口的自动驾驶出租车内，该出租车是由一家名叫来福车（Lyft）的共享汽车公司所提供。在日本，来福车共享汽车是来福车与乐天共同出资组建的，而铃木所使用的支付车费方式正是乐天公司出品的乐天 Pay。早在 6 年前，铃木就看好已经上市的来福车公司，因此他将乐天积分兑换为原始股金，使用乐天 Pay 及其应用程序内的乐天证券，对来福车进行了小额股票投资，而且整个投资及运作过程完全都通过"乐天币"来完成。

2020 年，日本便已允许部分自动驾驶汽车的运营。因此到 2025 年 4 月的时候，"自动化"早已渗透入社会经济各个领域。有了扫码支付和刷脸支付这样的物联网支付体系，随着去现金化不断加深，"自动化—无人化"和共享单车也开始在日本普及。

铃木乘坐自动驾驶出租车，在位于四谷三丁目的联合办公企业 WeWork 公司下了车。WeWork 公司，这家专营共享办公空间的企业是由软银集团出资 10 兆日元经营的。2018 年 12 月软银集团上市后便加大了对 WeWork 的资金投入，现如今 WeWork 已经拥有 300 多家分店。铃木来这里的原因，是为了参加中午 1：30 在这里举行的"面向作家的市场营销入门讲座"。趁着讲座开始前的时间，他在开放空间享用了刚刚购买的午餐。

WeWork 的特色不仅在于能提供线下办公空间和公共社区，而且还能在线上提供虚拟公共社区。随着从事副业的人不断增加，人们在追求工作环境舒适的同时，也开始追求线上的舒适体验，因此线上社区的会员登录人数至今已经突破了 300 万人次。

这时，软银和雅虎共同出资创立的二维码支付公司 PayPay，也已进入日常生活的各个方面。如铃木通过 WeWork 接订单、以作家身份获取的报酬、参加活动支付的费用等，都是用 PayPay 以无现金方式来完成的。铃木最近来自 WeWork 的进账比较多，所以他正好用 PayPay 的自动扣款功能支付了房租。3 月，铃木出差去了东南亚的 3 个国家。在那些国家里主要使用的是支付宝，但是因为 PayPay 与阿里巴巴的支付宝有业务合作，因此为他在那些国家开展工作提供了许多便利。

价值观的变化改变着金融

现在像铃木这样不在某一特定的公司或组织工作，而是以发挥自己的特长和个性为工作内容的自由职业者越来越多。究其原因，一方面是由于注重发挥自己特长和个性的价值观风行；另一方面是由于科技不断进步，电子化与共享化越来越成为主流。

前几天，铃木从市谷搬到了四谷。他最担心的便是，以自由职业者身份能否入住。即便入住，住所能否比之前在大公司工作时住过的地方更好？今人欣慰的是，"信用评分银行"完美地解决了铃木的顾虑，顺利帮他实现了入住。

2018年以来，阿里巴巴集团提供的信用评分服务——"芝麻信用"在日本成为热议话题。结合日本自身的文化和特点，这项服务在日本逐渐演变成"日式信用评分"服务。中国的体系可以被认为是对人信用的监督，即"统制型"模式，而日本的体系则是人的信任加信用，即"互补型"模式。

以铃木租房子为例，除了铃木的收入以及他自由职业者的身份这两个硬性指标以外，在日本还会将他平常从周围获得的信任转化为具体分值，从而补充上述指标中的不足。比起学历、工作单位、年薪等信用指标，一个人本身所拥有的信任也越来越受到重视。科技的进步让人们实现了遵从人本心的价值观来生活。

尽管有些人看中的是传统型职业，但是随着像铃木这样从事多份职业的人不断增加，比起公司的名气和自己在公司的职位，对自我的认知以及对工作的态度变得越发重要。在一些多人联谊会上，越来越多的人不仅跟别人交换自己工作单位的名片，也开始交换自己在公司外的各种兼职工作的名片。比起公司的名气和自己的职位，个人的生活方式和工作方式越来越受到关注。

人不是单独地活在这个世界上的，因此信任十分重要。钱只不过是让这个世界能够更加顺畅运转的工具而已。而且，在 2025 年之时，每个人的个性和特长、生活方式和工作方式，以及最重要的价值——信任都会通过新的金融体系进行评价。

撰写本书的初衷

上述这个发生在 2025 年 4 月的小故事怎么样？这是我基于 2025 年 4 月可能发生的情形，再结合我自己对金融服务业的理解后编写的故事。尤其是在预测金融行业的未来时，我感觉在市场和科技的进化背后，人类价值观的重要性越来越高。

我于 2017 年和 2018 年分别出版了《亚马逊的大战略》和《2022 年新一代汽车行业》两本著作。其中，《亚马逊的大战略》是我从自己的专业"战略与市场"和"领导力与使命管理"这两个角度出发，分析对国家及社会有重大影响的亚马逊战略计划对未来有什么影响。而《2022 年新一代汽车行业》是我从新一代汽车行业的竞争格局出发，解读各大企业的营销战略，阐述与之相关的科技发展，明晰日本汽车行业的出路。

我本人是金融专业出身，之前曾在日本、美国和欧洲的金融企业工作过。即便是现在也仍然供职于金融机构部门，另外我还担任金融期刊《金融财政状况周刊》的轮流负责制审稿人。本书是我首次从自己的专业观点出发对金融行业进行分析，因此对我来说意义非凡。

本书以新一代为对象，分析解读各大企业的营销战略，阐述与之相关的科技发展，明晰日本金融行业的出路。和前两部著作一样，本书也可以作为学习新一代其他行业的"战略与市场"和"领导力与使命管理"的参考书籍。

本书选取了全球三大金融颠覆者（Disruptor）亚马逊、阿里巴巴和腾讯，日本金融颠覆者乐天、LINE、雅虎软银联盟和SBI，不断变革的美国金融机构高盛和摩根大通，以及日本三大银行、新加坡的星展（DBS）银行这些对象，对这些企业的金融竞争战略进行详细的分析。

本书的第1编介绍的是当前金融行业的竞争格局，令读者对新一代金融领域有一个整体认识；第2编介绍的是金融行业的各个颠覆者；第3编介绍的是传统金融机构的战略构想。

现实中，2025年4月可能和序章开头的预测完全不同。但伴随着美国金融机构的逆袭和中国金融行业颠覆者的不断前进，2025年4月全世界的金融业也许都会陷入更加残酷的境地。由于现实往往不是朝人们所期待的方向发展，因此在最后1章，基于巴塞尔银行监督委员会对未来的预测，我将从专业角度出发，详细阐述自己对2025年的金融业设想。

我衷心期待本书能为新时代的新金融创新贡献一份微薄力量，同时也能为日本金融业找到出路提供一臂之力。

第 **1** 编

重新审视
"金融应有的样子"
之战

第 1 章

竞争格局

即将到来的世界

让我们假设一下，现有的传统金融体系遭到破坏，然后被新一代金融体系取代，将是个什么样子。

以无现金支付为代表的金融科技（FinTech）所带给我们的便捷和舒适，相信有不少人已经感受到了。而这，便是本书要谈到的，即将到来的新一代金融体系。

想要全面了解新一代金融体系，原本就不是件容易的事。因为它的进化速度以及相关科技公司的经营战略，都和我们目前熟知的金融体系大相径庭。

例如，2018 年乐天 Pay 和 LINE Pay、软银与雅虎共同出资的 PayPay 等非现金结算服务备受关注，因此人们也称 2018 年为"去现金化元年"，可以说去现金化的潮流就是从这里开始的。

去现金化 4.0

如果我们把信用卡时代叫作"去现金化 1.0"，电子货币时代叫作"去现金化 2.0"的话，那么现在我们常用的手机支付时代就应该叫作"去现金化 3.0"。而即将到来的"去现金化 4.0"则应是指刷脸支付、声纹支付以及物联网支付的时代。科技的进步，让这些原本听上去仿若"天方夜谭"的事物今已化作现实，进入我们真实的生活。

相信在支付宝和微信引领下，无现金支付方式飞速发展的中国，将会成为去现金化 4.0 时代的领路人。在被称为"中国硅谷"的深圳，肯德基甚至已经导入了刷脸支付的无现金结算体系。

在本书最后部分，我将以自己 2019 年 3 月在阿里巴巴总部——"智慧城市"杭州的体验为例，剖析中国金融体系的颠覆者阿里巴巴。希望通过我的分析，能让大家感觉到去现金化 4.0 时代已悄然来临。

物联网支付、声纹支付

自 2018 年，亚马逊面向消费者推出无人收银便利店 Amazon Go 以来，不少人已体验了无人化购物和支付。顾客只需用智能手机在类似自动检票机的入口处扫一下二维码，就可以识别自己的亚马逊 ID，继而进入店铺购物。在店内，顾客只需从货架上选择所需商品后即可带货离开。离开时，电脑会自动结账，购物明细单同时自动发送到顾客手机上。这种运营模式在技术上就是物联网支付的一种。

同样，亚马逊声纹识别语音助手"Amazon Alexa"也让语音支付成为可能。用户只需对着装有语音助手的手机说一声"Alexa，给我一盒明治巧克力"，就能完成购物和支付。这种便捷性已经超过了手机支付。

尽管手机支付在不断普及，但我们现在已经发展到不需要手机的时代，面对这种更新换代的频率，不知大家能否理解已经出现的高科技企业呢？

真正的创新——价值观

在认识并理解新一代金融业时，我们要注意，这种"新"并不是要去追逐某项飞速发展的功能或服务，而是应体现在价值观上。对于价值观这个问题，我们一定要重新细致分析，而笔者撰写本书还有一个目的是揭示出"金融业应有的样子"。

去现金化的本质和价值观

当问及金融服务的价值观时，让我们再回顾一下什么是去现金化。之前说的去现金化在这里不仅是不需要现金，它还具有更重要的意义。

三个潮流

去现金化建设有三个主流，分别是去现金化、无人化与自动化、共享化与服务化。

在去现金化的先驱中国，我们已经看到去现金化正在促进无人化与自动化的向前发展，而无人化与自动化又进一步推动了共享化与服务化的进步。

我在《2022年新一代汽车行业》一书中对新潮流的描述如下：

特斯拉构建的新能源环保体系，即电动化；谷歌以更方便享受世界为目的的革新，即自动驾驶；优步和来福车从独立到共享，以革新都市设计为使命的发展，即共享服务，它们与亚马逊那仅靠说话就能办事的卓越用户体验一起，把各式各样的事物连接起来，实现智能住房、智能用车和智能城市，最终达到万物互联。

戴姆勒用"CASE"这4个字母作为上述新潮流的简称。在CASE（Connected 互联、Autonomous 自动化、Share&Services 服务与共享、Electric 电动）战略中，特别是自动化对其他3个组成因素的影响力最不容忽视。

在新一代金融业中，自动化是非常重要的。在日本，伴随着少子老龄化、结构性劳动力不足等问题，通过自动化迈向无人化是理所当然的发展趋势。而在这个过程中不可或缺的便是去现金化，因为在结算时如果有人介入的话就称不上是无人化了。不仅是汽车行业，无人

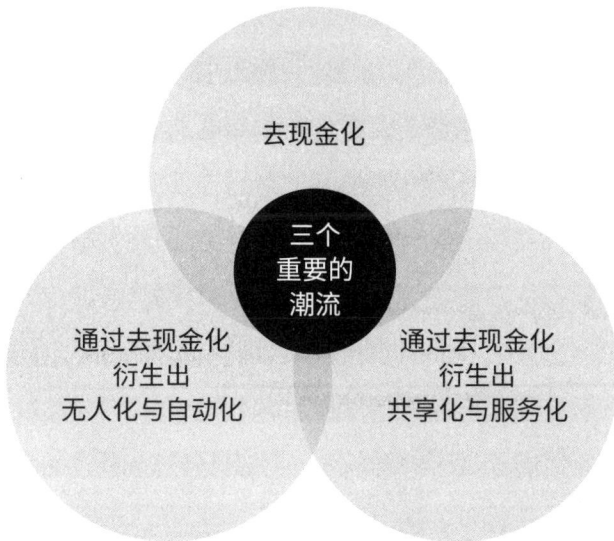

图 1-1 三个重要的潮流

化与自动化已经逐步渗透到我们生活的方方面面。

共享和可持续性

比刚刚提到的自动化与无人化更重要的是共享服务。制定企业的经营战略时，如果从政治（Politics）、经济（Economy）、社会（Society）、技术（Technology）这四个视点进行"PEST 分析"，一定会发现共享和可持续性这两个关键词。

在此我想强调的是，这两个词已不只在书本里出现了。如 2018年的夏天，大家已经意识到酷暑难耐不只是嘴上说说而已，已经真正能感觉到"再这样地球上就待不下去了""地球环境已经越来越糟了"。

以环境变化为背景，投资环境（Enviroment）、社交（Social）和管理（Governance）方面经营卓越的企业，即"ESG 投资理念"公司，已经开始在全球范围内普及。投资者中间更是出现了"要抛售那些不能持续发展公司的股票"的声音。

今天，可持续性已成为最重要的价值观之一，它因年轻一代中大部分人负债而形成。我有一个刚大学毕业两年的女儿，有一天她跟我说："爸爸那个时代，可以买车过奢侈的生活，真好。但是到了我们这个时代，大家都那么做的话只会加速全球变暖。"比起奢侈地挥霍，共享、极简的生活方式已经成为当代大部分年轻人的主流价值观。

因此，共享化与服务化，与其说是商业观念，还不如说是一种价值观。

共享化随着去现金化慢慢走进我们的生活，令去现金化、自动化和共享化之间形成三位一体的关系。这方面的表率者阿里巴巴和腾讯，是怎么构建去现金化体系的？共享化又是如何普及的？说起中国的共享普及，就必须提到滴滴出行，该企业是由阿里巴巴和腾讯分别出资的企业并购而成，并购前这两家企业在共享出行市场属于竞争关系。

共享化，无论是自行车行业还是汽车行业，都属于去现金化的服务。它的最基本前提就是能使用智能手机进行操作。因此，共享化和去现金化就像一枚硬币的正反两面，本质是一样的。

1　科技公司与现有金融机构之争。

2　围绕客户接触点、客户体验以及与客户维持良好关系的斗争。

3　重新定义所有行业的秩序与格局之争。

图 1-2　新一代金融业的竞争格局

围绕霸权的三场战役

围绕新一代金融行业的霸权之争，可以归纳出以下三个场景：

科技公司与现有金融机构

第一场战役是科技公司和现有金融机构之间的竞争。

本书中的科技公司特指以亚马逊、阿里巴巴和腾讯为代表的金融科技巨头以及新兴的高科技企业。这些公司拥有与现有金融机构完全不同的出身，它们以独创的平台、大数据与人工智能为武器，快速跻身于金融服务领域。他们打破传统金融行业的布局，将以颠覆为目标的"亚马逊效应"传播到所有行业。提起亚马逊，想必有些人对它的印象还停留在他们是做电子广告和网上书店的时代。其实这些印象已经是过去式了，如今的亚马逊正在逐步创建从"一键式"到支付、现金充值和融资等的综合金融服务。

与之相比，现有金融机构所具有的最大优势就是它们的品牌影响力和信誉度。这不仅对各国政治经济都具有某种程度的影响力，甚至能够延缓中国引领下新一代金融科技的发展，进而维持它们在金融行业的霸主地位。现在，它们正在加速金融服务的数字化转型，向金融科技企业转型升级。

围绕与客户维持良好关系的战役

第二场战役是围绕客户接触点、客户体验，以及维持与客户良好关系展开。

在所有行业的业务中，被认为"理所当然"的便利性和快捷性，对传统金融机构而言，却并不是"理所当然"。传统金融机构比较缺乏与客户的接触，忽视客户体验以及建立与客户之间持续的良好关系这些服务理念。说白了，传统金融机构给人的印象就是不方便，因此被大家所嫌弃。如今，在大银行分行的柜台长时间等待办理业务的客户不断减少，而利用移动端支付转账反倒是司空见惯。反观金融科技公司最大的优势，就在于重视传统金融机构缺乏的服务理念，即通过与客户接触、追求客户体验的方式，与客户建立良好的关系。

虽然无法知晓像美国的GAFA（Google、Apple、Facebook、Amazon）以及中国的阿里巴巴、腾讯等金融科技公司，在追求客户体验的道路上走到了哪一步，但他们创建的"理所当然"似乎正在刷新传统金融机构的"理所当然"。可见，新一代金融业正以完全不同于传统金融业的方式脱颖而出。

重新定义所有行业的秩序和格局之争

第三场战役即为重新定义所有行业的秩序和格局之争。

从本质上讲，金融服务本身并不具有什么价值，因此与用车、在外面吃饭、买衣服等消费服务不同。人们不会在早上起来说："今天好想消费金融服务。"但同时，金融已经与所有的消费服务联系在一起，其影响力已经覆盖到所有行业。因此新一代金融业的诞生，以及它重新定义所有行业的秩序和格局是自然而然的结果。从历史上可以看出，金融行业本身的发展会产生创造性的破坏或是破坏性的创造。在这个过程中，掌握霸权的越来越有可能不是那些大型金融机构或金融科技公司。

下面，就让我们看一下参与这些战役的主角们的动向。

新一代金融业的主要参与者

亚马逊：涵盖了以支付为代表的主要金融服务

今天，曾以网上书店起家的亚马逊，已逐步发展为涵盖家电、时装和生活用品的"万能商店"。换句话说，亚马逊已成功转型为集物流、云服务、网络视频、无人便利店以及太空事业等产业于一身的"全能公司"。除此之外，亚马逊进军金融服务领域也不是新鲜话题了，比如面向入驻亚马逊的商家提供的信贷服务"亚马逊借贷"，用于结算服务的"亚马逊币"，帮助没有开设银行账户和信用卡的顾客实现网购的"亚马逊现金"和"亚马逊礼品卡"等，都算是一种广义上的存款服务。因此，集合了信贷、支付和存款这三大主要业务的"亚马逊银行"的诞生，只是时间问题而已。

亚马逊，以金融科技公司的身份跻身于金融行业，是推动新一代金融业大潮的佼佼者。但在此我也想强调，亚马逊绝对没有扩展金融业务以外业务的想法。

关于这一点，亚马逊与本书介绍的另外两个金融科技巨头——阿里巴巴和腾讯明显不同。亚马逊的创始人兼 CEO 杰夫·贝佐斯一心只想着提高客户体验，加强零售与电商交易，进而实现亚马逊规模经济的扩张。由此可见，金融只不过是杰夫·贝佐斯在实现规模经济扩张的过程中的一件工具而已。其中，最显而易见的例子就是"一键支付"：过去需要在网上输入信用卡信息和住址等，才能完成从支付到配送等一系列的繁杂手续，现在只要如网站的文字所示，点击一下确认就可以完成。这项创新型的金融服务带来的便捷性，使亚马逊的零售与电商交易额呈现爆发式的增长。

相信未来出现的与亚马逊相关的金融服务，包括"亚马逊银行"在内，都将以扩张亚马逊规模经济为中心开展其业务。

阿里巴巴、腾讯：成就全球最先进的金融科技大国——中国

目前中国是全球最发达的金融科技大国。在中国，不仅金融机构的附带业务和周边业务在快速发展，就连金融机构原有业务上的自动化和数字化也在不断翻新。

中国新一代金融业的主要参与者是阿里巴巴和腾讯。尽管在中国，它们早已尽人皆知，但在日本和欧美地区，大家还没有像熟悉亚马逊那样熟悉阿里巴巴和腾讯，所以往往会忽视它们的潜力。但如果你能深入了解，必然会看到"阿里巴巴才是金融科技企业中的王者""腾讯正在猛追阿里巴巴"这样的事实。

阿里巴巴和中国最大搜索引擎百度，以及提供社交网络服务的腾讯，并列为中国三大 IT 企业。阿里巴巴主营业务是企业间电子商务交易的 1688.com、普通消费者之间 C2C 交易的淘宝、B2C 交易的购

物平台天猫等多个电商网络平台。除电商交易外，阿里巴巴还通过进军物流、线下分支机构、云服务以及金融服务业等，来扩张自己的规模。从这点来看，阿里巴巴的成长轨迹与亚马逊极其相似。

但是阿里巴巴和亚马逊不同，阿里巴巴从一开始便注意到了金融"支付"业务，并为此单独成立了蚂蚁金服。随后它便以二维码支付的应用程序支付宝为核心，不断拓展阿里巴巴的金融业务边界。换言之，阿里巴巴规模经济的前提就是支付宝。由此可见，阿里巴巴最大的战略目标就是以支付宝为突破口，吸引用户使用阿里巴巴规模经济提供的各种生活服务，进而扩展阿里巴巴规模经济。

今天，支付宝已经渗透到中国社会的各个角落，在大城市，"不用支付宝就不能支付"的商店也已经屡见不鲜。支付宝俨然已经成了中国社会不可或缺的"基础设施及服务"（IaaS）之一。

在阿里巴巴提供的其他金融服务中，有一些服务项目甚至比银行更加亲民，而且阿里巴巴持有的包括金融商品在内的实质资金量，完全可以与大银行比肩。笔者在《亚马逊的大战略》一书中指出，未来在金融领域，阿里巴巴将完全处于领跑位置。

最让人惊讶的是，阿里巴巴甚至还抓到了传统金融机构忽视的"金融本质"。如果现在有人问金融存在的意义或金融应有的样子是什么，那么，阿里巴巴正好可以回答，因为其想要展现的部分，恰恰最接近于"金融应有的样子"。像我这种任职于传统金融机构的人也不得不承认这个不可否认的事实。关于这一点，我在后面还会继续详细说明。

腾讯是由主打社交软件"微信",而被大家所熟知的知名 IT 企业。微信系统自带的支付服务——"微信支付",与支付宝并列为中国最流行的两大移动支付手段。

如果对比支付宝和微信支付,我们会发现它们之间最重要的区别就是,前者的主体是支付服务软件,后者的主体是社交软件。前面我介绍过,新一代金融业之争有一场重要战役,那就是围绕客户接触点、客户体验,与客户维持良好关系的战役。尽管支付宝和微信在客户接触点方面都做得很不错,但是支付宝本身只是个单独的支付软件,它的使用机会也仅限于"购物"时的付款。

相较之下,微信支付是与社交软件微信捆绑在一起的,因此给朋友发送信息时照样可以产生支付。从每天的使用频率上说,微信显然超过支付宝。因此,在作为新一代金融业霸权战争中的关键舞台之一,即"客户接触点"方面,微信支付要比支付宝更具有优势。

简单来说,腾讯以拥有客户优势的微信为中心,纵向统合以支付为首的金融服务,企图最终全方位支配消费者的生活服务。

那么依照同样的分析,在日本最有可能获得新一代移动支付霸权地位的,将是 LINE 支付。作为每天使用频率与客户接触点最多的平台,社交软件 LINE 的市场份额也是庞大的。

乐天、LINE、雅虎软银联盟、SBI:日本的金融颠覆者

在日本,金融科技公司与传统金融机构的竞争格局可以说十分清晰。下面将重点介绍作为日本金融颠覆者的代表的乐天、LINE、雅虎

软银联盟和 SBI。

它们中的大部分都在尝试沿袭科技巨头公司的商业模式，也就是从在线构筑平台，到发布支付应用程序的全过程。该模式中，最重要的环节是智能手机上构筑的平台。因为在新一代金融业中，能够与客户建立多大程度亲密且频繁的联系至关重要。

在这方面，拥有日本最大通信应用程序的 LINE 处于有利地位。随着通信应用程序的发展，LINE 已进化成支持用户生活的"智能门户"。与此同时，LINE 于 2014 年 12 月还推出了 LINE Pay，LINE Pay 具有用户生活中必不可少的支付功能，可以说是 LINE 开展金融科技业务的基础。2018 年，LINE 公布了与野村证券联合推出的 LINE 证券信息，以及将与瑞穗银行合作成立的 LINE 银行添加至智能门户的计划。

毋庸置疑，乐天是日本金融颠覆者中最大的"综合玩家"，也是日本最大的网购市场之一，但实际上它 2018 年第三季度总销售额的 35.7% 却是来自金融科技领域。即便如此，乐天还是为日本提供了日本国内交易量最大的包括乐天信用卡、乐天支付、乐天 Edy 卡、乐天积分卡、乐天银行、乐天证券、乐天人寿和乐天财保等在内的全方位金融服务。但乐天拥有的最大资产，则是以乐天会员为中心的会员数、数据以及品牌。会员使用通用 ID 在乐天提供的各类服务中游走，形成了庞大的乐天生态系统（规模经济）。

雅虎软银联盟于 2018 年秋季推出了二维码支付服务 PayPay。该支付服务将基于商务和支付业务渠道的数据，发展集借贷、投资及保险于一体的一站式金融业务。可见，在这点上雅虎软银联盟与乐天是一样的。

接下来是 SBI 控股集团。在苦苦挣扎的几家大型证券公司中，SBI 证券在互联网证券领域当属第一。自 2012 年以来，SBI 集团的账户数量以每年 10.3% 的速度持续高速增长，目前排名全日本第二，仅次于最大的野村证券。这几年开始，SBI 集团制定的大战略已经不局限于"金融"和"日本"的框架，他们的口号已变为"以金融为核心，超越金融"。因此，它们正在尽可能采用虚拟货币和区块链等新技术，在日本和全球扩展业务。SBI 集团由 230 家公司组成，他们试图通过提供多样化的服务来改变"社会"。

高盛、摩根大通：美国金融机构的反击

目前传统金融机构受到了以三大科技巨头为首的互联网公司的冲击。

但实际上，自从雷曼兄弟破产以后，美国金融机构的反击便已开始。它们采取的是一种"选择与集中"的生存策略。从业务规模上看，它们在扩大规模，实质上却是缩小，尤其是花旗银行通过缩小业务范围显而易见地带来了利润的改善。早在 2015 年，花旗银行就已经将面向个人的银行业务出售给了三井住友银行，并短暂性地退出了日本该业务领域。如此一来，他们将资源集中在公司的核心业务上，这便是"选择与集中"的一个环节的具体体现。

我们要说的另一个关键词是"数字化转型"。早在几年前，高盛

和摩根大通已经在谋求向科技公司转型。正如我们稍后将详细讨论的那样，本书中强调的数字化转型不仅仅是指服务的数字化。摩根大通的首席执行官杰米·戴蒙曾宣称："谷歌和脸书将是我们未来的竞争对手。"可以看出，他们所倡导的数字化转型是指"刷新公司的DNA"，即从根本上革新。

其中，高盛决定缩小其主要业务的贸易部门，并涉足人工智能便是一个标志。高盛是一家投资银行，在日本类似于证券公司，即专门面向机构投资者和大公司提供服务的银行。2016年，高盛设立了面向中产阶级的个人互联网银行GS Bank，以提供数字信贷平台Marcus，以期能进军日本市场。

值得注意的是，虽然都是在线银行，但Marcus与10多年前在日本出现的在线银行有很大区别。以前许多互联网银行只是传统银行将其部分线下业务置换成线上业务形成的在线银行而已，但是Marcus通过全流程的数字化操作和强有力的移动端策略等，完全彰显出了新一代金融行业的发展趋势。

更令人震惊的是，被誉为"最佳投资银行"的高盛将进军零售市场。如果高盛以其品牌影响力为零售业提供新价值的话，那么它在日本也可以获得可观的市场份额。

三菱UFJ金融集团、瑞穗金融集团和三井住友金融集团：日本大银行的数字化转型

由于以上原因，日本大银行在提供在线服务方面感到了危机。虽然开始得比较晚，但他们还是纷纷效仿美国的高盛和摩根大通，迅速步入了数字化转型的行列。率先开始数字化转型的是三菱 UFJ 金融集团（MUFG），其次是瑞穗金融集团（Mizuho FG）和三井住友金融集团（SMBC Group）。

在这里，我想先介绍一下三菱 UFJ 金融集团的数字化转型过程。三菱 UFJ 金融集团于 2017 年 9 月公布了"数字化转型战略"，并宣布开始从传统的银行业务改革。同时，在 2018 年度启动的中期业务计划中，数字化战略正在横向推动 11 个支柱产业的结构改革，我认为这恰好证明了数字化转型的本质，即"从公司的根本上革新"。

在他们的具体举措中，首先是强化交易渠道。自 2007 年以来，三菱 UFJ 金融集团的分支机构顾客数量下降了约 40%，而选择在线支付的用户数量在 5 年内却增加了约 40%。这意味着，三菱 UFJ 金融集团必须提供多种交易渠道来应对交易方式的变化才行。为此，他们首先扩大的是非面对面的交易渠道，比如智能手机应用程序和常见问题自动应答电话，具体包括促进使用面向个人的互联网银行业务，改善用户界面、用户体验以及扩充功能。还有就是以前只能在实体店办理的业务，例如重新发行银行卡和存折、变更地址等。

截止到 2018 年 3 月，在日本 500 多家分支机构中，已有 100 多家分支机构转型为新一代"MUFG NEXT"分支机构。而且三菱 UFJ 金融集团还在引入新型的 ATM 机"STM"。该 ATM 机可以处理可视电话呼叫、税收和生活缴费等交易，从而提高分支机构运营的效率。它们的目标是，到 2023 年将新终端的引入率提高到 100%。

当然，人工智能和大数据的使用还是必不可少的。在服务台、票据处理、检索、销售支持和审查 5 个主体中，日本大银行提倡促进 AI 替代业务的政策，预计未来 10 年，接近 40% 的业务将被 AI 取代。

即便如此，仍不可否认的是，日本三大银行在数字化转型方面已经落后于美国金融机构。而且，在追求客户体验方面，热衷于在线服务的美国的金融颠覆者是更胜一筹的。

然而现在就断言"日本的大银行没有机会了"恐怕还为时过早，因为新加坡星展银行的经历正在为我们提供一种合适的生存技巧。

星展银行：世界第一的数字银行

传统金融机构的数字化转型中，星展银行当属世界第一。星展银行分别于 2016 年和 2018 年获得金融信息杂志《欧洲货币》授予的"世界最佳数字银行"称号。正如银行名字那样，它应当是世界上最优秀的数字银行。该银行总部位于新加坡，主要面向的市场是中国、印度、印度尼西亚和新加坡。

星展银行的前身是大约 50 年前诞生的新加坡发展银行，2009 年开始逐步向数字化转型，而它改革的背后便是亚马逊、阿里巴巴和腾讯等科技巨头公司的崛起。与其他感受到科技巨头公司的威胁，但却不愿数字化的传统金融机构不同，星展银行的管理层一致认为"逃避的话就只能坐以待毙"。

因此，星展银行决定实施数字化转型的速度远比日本的大银行快得多。为什么星展银行发展这么快？这是与新加坡的地理位置和历史特性紧密相关的。"日本就像加拉帕戈斯群岛，对外封闭"，这是典型的 Japan Bashing 的一种（因为它封闭，所以只能从海外传入），可是对内，日本却有一个庞大的市场。然而，新加坡是个小国，只有相当于东京 23 区的领土面积，可以说几乎没有任何资源，只靠自身立足是不可能的。在这种情况下，新加坡星展银行索性反守为攻，利用其在东南亚的中心位置，吸收了许多来自各国公司、各个领域的先进技术。简言之，新加坡从一开始就不可能成为"加拉帕戈斯群岛"。可见，星展银行对亚马逊、阿里巴巴和腾讯的应对措施要早于欧洲、美国和日本的传统金融机构。

换句话说，星展银行以科技公司为目标，而不是以欧美的金融机构为蓝本。而且星展银行也熟悉科技公司为金融业带来的新规范。这就是星展银行源于传统金融，却仍然可以从本质上进行数字化转型的原因。

星展银行试图提供的是优质的客户体验和客户旅程。除了数字产品和数字服务这些表面的数字化以外，星展银行还在尝试改变后台业务应用程序和基础设施，并在此基础上，建立适宜的企业文化。

"将公司的本质数字化"，这是他们的原话。这句话的意思是尝试在不抛开公司框架的前提下，替换公司内容，星展银行正在实施开展这项重大改革。对于刚刚启动其数字化转型战略的日本金融机构而言，星展银行的数字化转型中应该效仿的事情有很多。

新规范

可以模拟复制金融的时代

在第 2 章中，我总结了几点内容，希望大家先期对此有所了解。

首先，金融是可以模拟复制的。

诸如存款、贷款、汇兑等业务已不再被银行垄断。即便没有获得严格法律法规的约束，所有的金融业务也都可以被模拟复制，而今天以亚马逊为代表的金融颠覆者就实现了这一点。

金融颠覆者的垂直整合

其次，金融颠覆者对金融服务进行了垂直整合。

垂直整合在前文所述的两本书——《亚马逊的大战略》和《2022年新一代汽车行业》中都是重要的关键词。这可以说是新的参与者在统合自己领域以外的业务的同时，掌握控制权的举措。例如，为了增加零售与电子商务的销售额，亚马逊大力发展了支付业务。而且，从那以后亚马逊又开始扩大其金融业务，到现在已然囊括了所有主要的金融服务业务。阿里巴巴表现得更加直接：它以支付功能作为入口，将业务扩大到其他生活服务方面。腾讯则以社交应用为入口，垂直整合其金融业务，以支配消费者的整体生活服务。

其中成为赢家的是与客户建立了持续、良好关系的参与者。要想在新一代金融游戏中获胜，关键就看在智能手机平台上是否拥有更加亲密的高频互动。

客户体验也是关键之一，客户体验差的平台迟早会被淘汰。最后的结果是，客户与平台或公司保持平等关系的同时，建立起一种持续的良好关系。新一代金融业之战就像是平台大战，最终就是围绕着与客户的关系而展开的。

| 1 | 金融可以模拟复制。 |

| 2 | 金融颠覆者垂直统合金融（比现有金融机构更能发挥金融业的本来功能）。 |

| 3 | 金融也被要求"理所当然"的东西。 |

图 2-1 新一代金融行业的格局和状况

摧毁传统

最后，在这样的时代，金融也被要求一些"理所当然"的东西。对日本的银行来说，一直以来"不方便"都是理所当然的。然而，在这个什么都可以通过互联网完成的时代，谁也不会愿意来到某个银行的分行，被迫在窗口等待，接受不太友好的服务。

　　另一方面，互联网企业呢？他们提供的是"方便""省事""不花时间""自动完成""愉快""感受不到交易已经完成"等优质用户体验的服务，而这些和传统的金融机构提供的服务截然不同。

　　在围绕新一代金融行业的战争中，迫切需要变革的当属现有的传统金融机构。现在，并非提供现有金融机构认为"理所当然"的服务，而提供互联网企业认为的"理所当然"的服务，将是十分紧迫的课题。

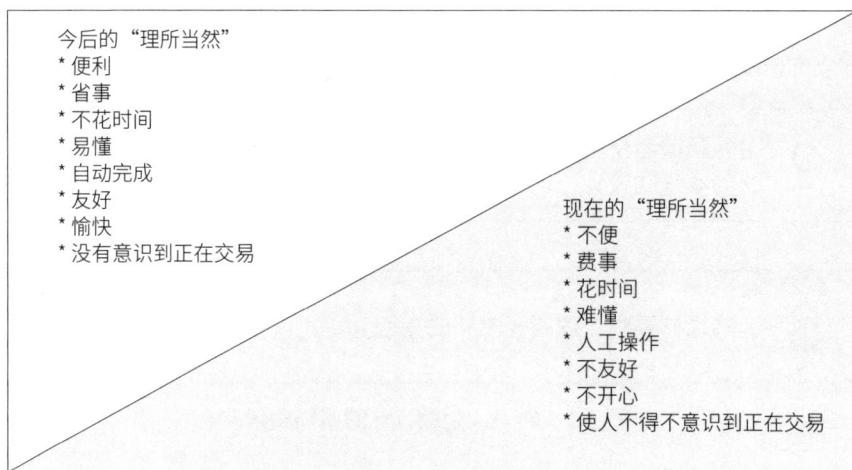

今后的"理所当然"
* 便利
* 省事
* 不花时间
* 易懂
* 自动完成
* 友好
* 愉快
* 没有意识到正在交易

现在的"理所当然"
* 不便
* 费事
* 花时间
* 难懂
* 人工操作
* 不友好
* 不开心
* 使人不得不意识到正在交易

图 2-2　现在的"理所当然"与今后的"理所当然"

　　其结果就是，我们所熟知的现有金融机构将会发生巨大的变化。那时，什么会被破坏，什么又将会保留下来？

　　被破坏的东西，就是所谓的"传统"。具体来说就是分支机构、人员和系统。金融行业的秩序也会被破坏，行业的领域（界限）会被破坏，其在业界的地位和影响力会被破坏。另外，现有的功能和存在的意义也会被破坏，甚至金融体系本身也会遭到毁灭性打击。

银行的作用和担保主义的界限

在此，让我们来梳理一下金融机构的作用。

银行的三大功能是金融中介、信用创造和结算，提供这些功能的三大业务是存款、贷款和汇兑。在这里，我想重点谈一谈金融中介，也就是把大家的存款集中起来贷给别人的业务。

金融中介，简而言之就是从资金盈余部门聚集资金，并将其融通到需要资金的部门。第二次世界大战后，银行作为金融中介充分发挥其作用。特别是在日本，以大企业和基础产业为中心的资金需求非常旺盛。当时，直接融资尚不发达，而面临的资金需求又十分旺盛，因此银行的金融中介功能显得尤为重要。

我们知道，为了满足企业和个人的资金需求，银行推出了借贷服务。在贷款审查中，银行采取了担保主义，而且面向个人的贷款业务重视其偿还能力，具体需要看该贷款人的职业和年薪。

银行的担保主义到现在也没有太大的改变，企业拥有多少担保额，很大程度上受企业信誉影响。个人贷款的时候，银行会检查贷款人在形式上有多少偿还能力，所以个人的年薪和银行方面可以获取到的现有贷款金额会被格外重视。从高度成长期开始的一段时间内，这种机制发挥了很大的作用，另外金融当局的金融政策也发挥了作用。

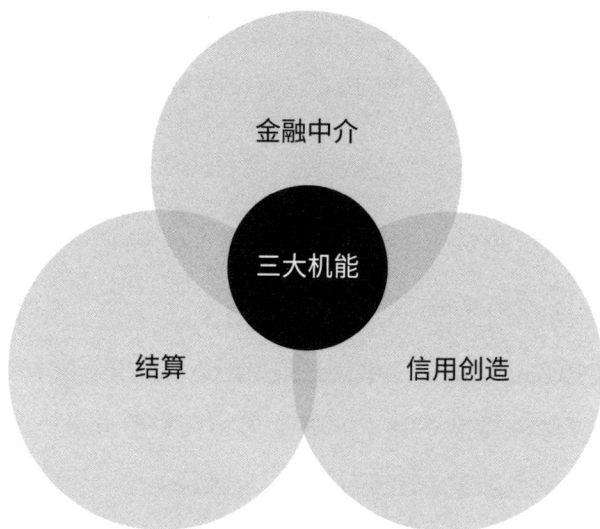

图 2-3　银行的三大职能

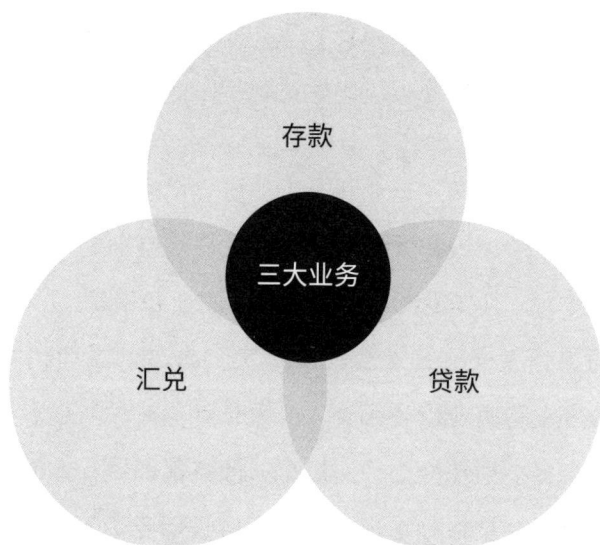

图 2-4　银行的三大业务

对小微企业和个人的审查能力不足

近年来，无论是大企业还是基础产业都没有以前那样旺盛的资金需求了，而且让投资者出资的直接融资方式已全面渗透到各个行业。

取而代之的是，资金需求者变成了中小企业、小微企业或个人。那么，银行对他们是否充分发挥了金融中介功能呢？答案是否定的。银行并没有履行其三项主要职能之一的金融中介功能，这是因为对奉行担保主义的银行来说，它们缺乏对小微企业和个人的真实信用度进行评估审查的能力。

基于数据的本质性审查

像亚马逊和阿里巴巴这样的金融巨头，在开展贷款业务时，不是以担保为主，而是看中借方本身的信用，这一点的确与众不同。亚马逊和阿里巴巴利用它们自己的平台，把更本质的个人信用信息作为大数据积累起来，然后用于贷款业务方面。从这一点来看，金融颠覆者们比现有金融机构更接近于金融的本质。

尽管银行可以审查担保企业的信用能力，但是银行业界原本就没有以商流为核心进行审查的方法，这是因为他们没有活用企业的商流数据。虽然，银行拥有从企业到企业的汇款信息这一"宝藏"，但却没能将其作为大数据进行利用。

另一方面，在新一代金融玩家们拥有的巨大平台上，承载着商流、物流和资金流，我们可以将其称为新一代金融玩家们的三大功能。比如"亚马逊贷款"和阿里巴巴面向中小企业的贷款业务就是与商流连接的。亚马逊掌握着亚马逊平台上商家们的售卖信息，甚至通过"亚马逊物流营运"控制着物流，根据这些积累的数据来审查借方的信用能力，然后放款。

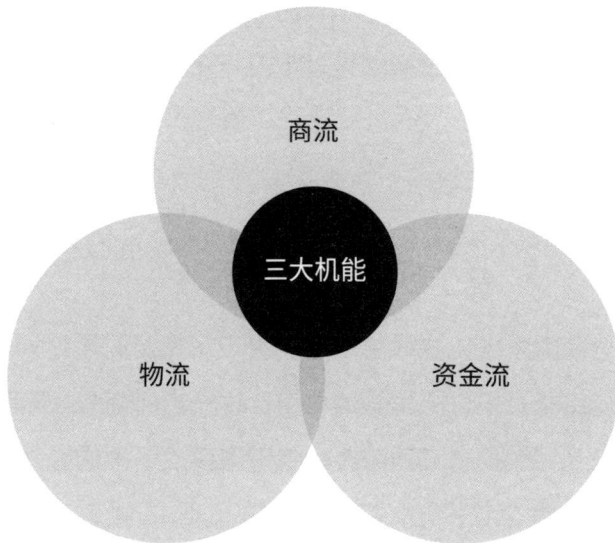

图 2-5 金融颠覆者的三大职能

贷款给真正需要资金的人

换句话说，本标题即指银行在法人交易中，仍然像以前一样采取担保主义来贷款，而新一代的金融先行者则是从商流来贷款。

在面向个人的贷款中，到目前为止银行都在观察其偿还能力。但是那只是形式上的东西，真正的收入和贷款余额也不能完全掌握，完全有可能存在过度贷款的危险。而新一代金融玩家可以看到商流贷款，积累的大数据背后隐含着个人的信用能力，比如"迄今为止是否守约""原本的支付意愿"等。

包括日本在内的发达国家中，真正需要资金的是小微企业和个人。能够贷款给他们的不是以担保主义为核心的银行，而是阿里巴巴和亚马逊。在这样的现状下，意图革新现有金融方式，追求符合当前时代的金融方式的，不是现有金融机构，而是试图破坏他们的新一代金融颠覆者。

现有金融机构的优势

当然，现有金融机构的分支机构、人员和系统不会全部被破坏，他们会被重新定义，作为新的分支机构、人员和系统继续工作，这样就会产生新的行业秩序，产生新的行业领域。

银行的信任和信用功能还会继续存在，这两个功能正是现有金融机构存在的原因，所以不会被轻易取代。与社交应用程序集成一体的LINE支付的确很方便，并且可能会改变我们的生活方式。

但是，你会想在LINE或LINE银行里存取大额资金吗？现在即便可以在LINE支付上充值5,000日元使用，但由于担心"账户被盗"等情况，仍然有不少人对LINE支付和银行账户绑定在一起有抵触情绪。

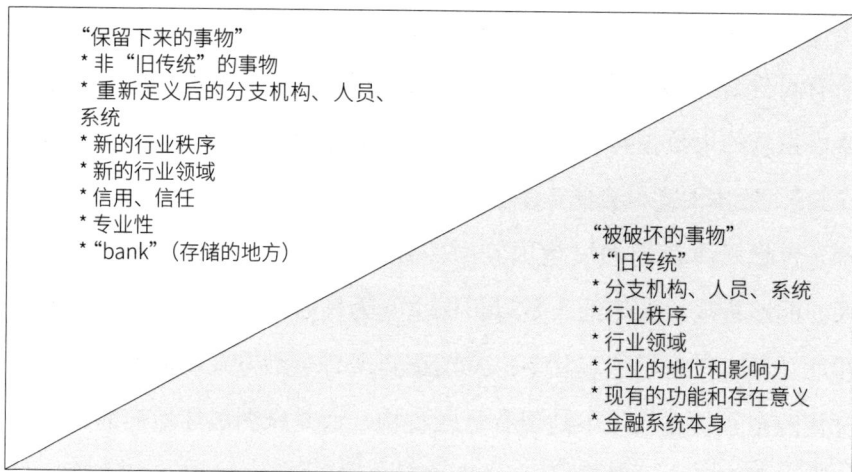

图 2-6　被破坏的事物与保留下来的事物

　　和互联网企业相比，现有金融机构的优势正是这种信用和信任，也就是说银行如果连这个都失去的话就彻底告别金融业了。而且，作为"储蓄"场所的专业性也会留下来。"bank"是"储物处"的意思，那么以后的银行会不会也成为储存信息和数据的地方呢？

　　虽然说银行将成为"电商信息的储存处""大数据的储存处"，但是，与互联网企业竞争的话，银行丝毫没有胜出的可能，反倒是有可能在这场战役中把自己逼上绝路。虽说到了"数据时代"，但是越来越多的人要求企业重视对客户隐私的保护。在美国，苹果和微软公司对客户隐私的保护得到了大家的好评。在活用大数据方面，落后于大型平台企业的日本大银行，提倡以自己的方式利用数据，但最重要的是切不可失去来源于客户的信用和信任。

第 3 章

基于金融工作经验的自我约束和问题意识

雷曼破产的元凶

在本章中，我想谈一谈自己的经历、价值观和问题意识，这也能帮助大家更好地理解为什么我要分析新一代金融行业。

我在前面说过，我从"战略与市场营销""领导力与使命管理"等专业视点出发，分析了亚马逊与新一代汽车行业，并将结果分别整理成两本著作——《亚马逊的大战略》和《2022年新一代汽车行业》。但是作为商业人士，我的出身既不是IT业也不是汽车业，而是金融业。

我于1987年入职三菱银行工作，第一年便被分配到神保町分店，负责中小企业的贷款业务和外汇业务。我记得，当时13家都市银行都还在，但有一天早晨起来刷牙的时候，我还是听到了"太阳神户和三井合并"的消息。

第三年的时候，我被调回公司总部工作，之后经历了国内外大企业的大型项目融资。在项目开发部中，我做过海外炼油厂、液化天然气（LNG基地）、发电厂、酒店、购物中心、办公室等大型项目的开发融资，以及美国工厂的借贷扩张组合业务等工作。在此期间，我在芝加哥大学商学院留过学，后来于1997年7月被分配到新加坡驻当地的一家子公司，负责除日本本国外的大企业并购和融资等投资银行业务。

之后，我又跳槽到外资金融机构工作。自 1998 年以来，我陆续担任过花旗银行资产与证券部交易员、美国银行证券结构性金融主管、荷兰银行安室证券有限公司业务部经理等职位。

这里需要指出的是，我一直从事金融业务，其中多年从事包括项目融资和证券化在内的结构性融资业务。因此，接下来我将要阐述的问题意识就是在这样的环境下形成的。

次贷危机的构造与本质

在雷曼冲击期间，我于 2007 年 10 月在银行专业杂志《银行法务 21》上发表过题为《次贷问题的构造与本质》的文章。文章指出了 7 个问题，并认为"雷曼事件是资产证券化问题白热化的体现"。这些问题可能会有点不好理解，因为它是面向金融专业人员的。我将为大家具体阐述一下：

问题所在与性质——问题很复杂，相关当事者很多，而且这些当事者是世界金融的主要参与者。

作为金融的基本职能，杠杆的劣势已经显现出来。

金融、金融方式和金融商品的重要前提和假设正在遭受挑战。

具有市场影响力的金融商品的弱点也受到了挑战。

长期以来 ABCP（短期证券化产品）的流动性低下问题以及美国银行和美国当局有关重新评估证券化商品的讨论可能会引发大规模的信

贷收缩。

从原资产的次级抵押贷款到衍生产品 CDO 的派生过程非常复杂，由于涉及的当事者众多，因此要想出解决方案非常困难。

各种复杂的委托—代理问题不断出现。

然而在证券化业务中占据核心位置的人士们，很少愿意在当时站出来详细说明其原因。

金融应有的样子

我发表上述论点的出发点在于作为证券化业务当事者的反思以及使命感。我认为，我应该来揭示次级抵押贷款问题和雷曼破产的原因。在日本从事证券化业务的初期，我曾与会计师、税务师和律师合作制定新方案，还拜访过金融厅进行咨询。没错，我喜欢创造新事物，而且我热爱这份工作。

可是，我们的工作也助长了房地产泡沫出现，继而引发了次级抵押贷款危机和雷曼冲击这些前所未有的事态，这些都是不容否认的事实。

因此，我一直在思考现代金融的问题点和金融"应有的样子"。我的书《使命经营学》（*Subarusha Linkage*）中也对此进行了描述，虽然有点长，但请允许我引用其中一部分来阐明一下我的问题意识。

"……公司的目的终究是盈利，必须要在激烈的竞争中胜出才行。我们会听到一味地倡导企业对社会的使命和作用，而丧失了追求利益的企业经营不下去的声音；我们还会听到人们在颂扬美好的使命之前，会先聚集在财富那里听到的声音。"

追求利益的确是企业生存和成长的必要条件。但如果企业发展不顺，自然也就不会有健全的运营管理，更不可能支付员工满足的薪资和股东满意的分红，最终，一定会遭到企业利益相关者的抛弃。因此，最重要的是如何在使命和追求利润之间实现平衡。

最近我经常听到"可持续性"这个词。该词最初产生于确保连续捕捞而不减少海洋资源的想法，目前该词已经应用到了企业的经营管理之中。

那么，企业为了长期生存又应该采取哪些策略呢？

比如利益至上主义，即尽一切可能获取利润，而且完全不返还给员工和社会。这可能是短期内提高业绩、让企业成长的最佳方法，但这种短视的经营方式最终将被企业员工、客户乃至整个社会所厌弃，并且不会持续很长时间。与此相反，通过将利润返还给更多的利益相关者，虽然企业不能实现快速增长，但却能实现可持续性经营。

在雷曼冲击以前，比起可持续性，许多公司更奉行短期主义。短期主义是一种经营方式，即企业通过抬高股票价格以满足投资者追求短期盈利的效果。这一时期利益至上主义和效率主义占据了中心位置，极少有企业关注到使命的概念。

但是，当那场从次贷危机到雷曼兄弟破产，号称百年一遇的金融危机冲击了全球经济时，情况发生了变化。以股东优先为原则的短期经营理念最终引发了整体经济陷入崩溃，这时人们开始期待植入可持续性的新型经营理念。

在雷曼破产之前，我成为多家业务量飞速增长的房地产上市公司的客户。老实说，使命的概念还没有明确成形，我主要负责"如何提升公司股东的价值""如何上市和提高股价"等一些当时的主流战略咨询。其中有几家公司的经营清楚地说明了，以使命为导向的观点对企业经营管理的重要性。

我负责的房地产A公司是一家快速成长的新兴上市公司。正如次级抵押贷款那样，房地产的证券化正当流行之时，A公司也效仿出售以房地产为抵押的证券，并赚取了利润。当时，大多数新兴的房地产公司和A公司一样，都是通过房地产的证券化来获利，并以此提高自家公司股价，以增加股东价值。因此，经营管理中最优先的课题便是如何短期内有效地提高业绩，以及提高的业绩如何反映到股价上。

这位老总年纪轻轻，才华横溢，富有魅力，有望成为未来房地产行业的领军人物。但是，就在A公司实现华丽增长的时候，次贷危机爆发，雷曼破产冲击了整个房地产行业，大多数新兴房地产上市公司破产倒闭。A公司也陷入经营困难，最终也以破产告终。

现在看来，当时的房地产泡沫显而易见，但是许多已上市的新兴房地产公司都沉着在这场游戏中，执着于争夺市场份额、赚取利润。老实说，当时大多数企业管理者都无法回应公司对于社会的使命和意义，使命的概念几乎完全被忽略了。

回头再看，雷曼破产之前，大多数企业追求短期的结果，利益至上主义和效率主义盛行，使命从未得到重视。当然我自己也是一样。

"金融即是科学"的边界

在今天，利益至上主义和效率主义得到了合理主义的支持，甚至于美国银行的经营理念还以利益至上主义和效率主义来解释合理一词。我在芝加哥大学攻读 MBA 学位时学习的金融学和计量经济学也完全是合理主义的极致体现。而美国的合理主义，尤其是芝加哥大学的计量经济学更是试图"量化一切"。没错，美国银行的经营管理也是如此。

量化和分析所有风险

我为银行杂志《银行法务 21》（2007 年 1 月号）撰写了一篇名为《ABL 的意义和本质》的文章。其中，资产支持融资（Asset-Based Lending，简称 ABL）代表资产抵押贷款，具体包括以动产、存货、房地产、货币债权和知识产权等资产为抵押进行贷款业务。

资产支持融资从美国开始流行。当时，美国银行导入了以风险调整后的资本收益率和交易等级为代表的经济资本管理制度，随后这也成为美国银行经营管理的精髓，即量化、分析并管理所有的风险。

涉足金融的人们通常认为金融即是科学。确切地说，或许应该是"我想"认为金融就是科学。在经济资本管理中，它不仅可以量化信用风险，也可以量化商业风险和国家风险，并创造收益率。我们在每个部门、每个营业点、每个业务合作点以及每次交易中都可以进行风险管理。它细致缜密，可以被称为科学，我对此也给予了极高的评价。

过多的前提和假设

然而，实际上，雷曼兄弟的破产已经暴露出这个破绽，即"金融不能成为科学"。

问题出在哪儿呢？所有理论都是基于各式各样的前提和假设才能成立的，即使在金融领域也逃不掉这种宿命，因为前提和假设会随着理论的深度而增加。而且，如果单看每一个前提条件，总是会让人产生疑虑："这个一直是对的吗？"证券化业务也是在一系列前提和假设的堆积下形成的事物。

在商业中，试图量化和控制本身是合理且必不可少的。但是，想要量化并尝试解决一切是不可能的。在我看来，次贷危机和雷曼冲击正好暴露了这种现实。

那么金融应该是什么样子的？在这些问题的推动下，我甚至一度脱离了我的金融职业生涯。

如果我们不重视这些问题，且不去思考未来金融应有的样子，雷曼兄弟的破产将会重演。

泡沫重演

撰写《泡沫故事》的经济学家约翰·肯尼斯·加尔布雷思说："泡沫总是在发生。"为什么泡沫会重复发生？那是因为经历过泡沫破灭的人一时离开了市场，如果不将曾经遭受过重创的经验总结移交，那么下一代就不可避免地犯同样的错误。这就是为什么每次有泡沫时都会有人争论"这次一定不是泡沫"。即使在雷曼兄弟破产之前的房地产金融市场上，也总是能听到"过去没有折现金流的说法，也不存在什么抵押贷款""过去的金融不是科学，现在的金融就是科学"的说法。

正如经济学家加尔布雷思所指出的那样："虽然看起来似乎有新事物诞生，但本质上没有任何改变。"即便在泡沫的高峰期，最好的玩家也没能看穿这是泡沫。

我仍然清楚地记得，在 1998 年 10 月日本长期信贷银行破产前后，"下一个破产的是××"这样的传言不绝于耳，第二年雷诺就宣布将支援日产汽车。当时我在花旗银行工作，负责日产及其金融子公司的证券化业务，在与日产集团进行巨额证券化交易的时候，我亲身经历了负责企业并购的人员和日产内部相关人员不断奔走斡旋的场景。最终雷诺决定拯救日产并且成功结盟。

日本泡沫危机发生近 10 年后，雷曼冲击爆发。那些从事证券化业务的人放下了自己以前的骄傲，开始进行强烈的自我反省。于我而言，这也是让我离开金融行业的重要契机。

从那时起，我也不断地问自己："金融真的在创造价值吗？""金融真的在为客户解决问题吗？"

我认为加尔布雷思的观点完全适用于当前的"大数据 –AI"时代。

傲慢与失控

雷曼冲击前的美国金融业，包括我在内都过度相信"金融创造价值"。金融本来就不是独立的，它通过与各种各样的行业结合来创造价值。但是，随着金融的独立发展，"钱生钱"的游戏开始失控。

失控的一部分就是上述所说的经济资本管理。

到现在，我仍然认为经济资本管理本身是一种很好的管理方法。

但在现实中，我们不可能量化所有的信用风险、市场风险、商业风险和国家风险。正如我前文所述，在量化之前，假设"所有的变量都要服从正态分布"之类的前提是必不可少的。但是，现实中并不是所有的变量都服从正态分布，这些假设上的错误导致本应如科学般精确的经济资本管理走向失败。

忽略客户的商业模式

美国金融机构的过激行为既包括过度重视投资者，也包括过分追求企业利润。

雷曼冲击之前，美国金融机构的商业模式可以简单地表述为"创造面向投资者的金融产品策略"和"打包出售策略"。那时候美国金融机构的三大业务是打包、出售与交易。

打包通常被称为主要业务，是创造（发起）金融产品的业务，代表例子像银团联合贷款、股票和债券的重组，结构性融资和证券化产品的重组也被包含在内。该业务的主要工作是与发行方公司合作，也可以说是融资方的工作。

出售是指将重组的股票、债券和贷款等贩卖给投资者的业务。

交易则是指用公司的资金买卖股票和债券的业务。

综上所述，"打包出售策略"，就是将金融产品重组并出售给投资者的策略。

该策略本身的对错姑且不论，"过度"被使用却是真的。例如，为还款能力较低的人，也就是次级信用的人提供的重组贷款被称为"次级贷款"。将这种贷款债权出售并进行证券化即为证券化交易，在此过程中许多金融机构利用它们的子公司或业务关联公司开发出一笔笔面向消费者的次级住房贷款抵押债券。这对雷曼兄弟的破产造成了不小的影响，因为原资产的贷款和其衍生的金融产品都陷入了危机。

美国金融机构也是一样，传统银行的三大业务包括融资、结算和存款，这三项也是银行收益的主要来源。这在直接融资尚不发达，而大公司的资金需求也已强劲的时代没有任何问题。但是，随着时代的发展，大公司的资金需求也已呈现出低迷状态。为了填补这一空白，证券化业务诞生了，最终其竟然还扩张到了抵押贷款的部分。

获利的只有投资者和金融机构

由于这些高风险的金融产品成为获利的源头，美国金融机构公示的净资产收益率（ROE）高达 15%。而从事这些金融产品的管理人员和专业操作人员赚取的报酬已经增加到从数亿至数十亿日元不等。

虽然不能仅凭高昂的报酬就说这种经营方式不合理，但是，显然只有投资者和金融机构受益于这种"打包出售战略"。

投资者不是金融机构的唯一客户。普通公民，也就是存款人和融资公司也是金融机构的重要客户。

不幸的是，"打包出售战略"严重偏向投资者的利益。同时，无论社会发展到什么程度，该策略中始终贯穿着"银行法则"。

这是一项旨在提高公司本身财务项目、改善管理指标并让股东满意的策略，但无法兼顾到其他利益相关者，例如存款人或融资公司就并不在项目之内。

这项策略严重违背以客户为中心的经营理念，当时的金融机构甚至没有意识到这一点，我也在进行自我反思。

对于轻视金融原有的功能而执着于谋利的金融机构，大家的批判声音也越来越多。

金融真的能创造价值吗

我一直在思考"什么是真实的"。在金融服务中，比起投机需求，真正需要关心的是本质需求。因此，如果要问什么是真实的，自然会想到本质需求。

房地产泡沫破裂和雷曼冲击爆发时发生了什么？在雷曼冲击前，除少数企业外，在纳斯达克上市的数十家新兴房地产公司已经倒闭，只有获得银行支持的公司得以幸存。这与1991年泡沫破裂时的情况完全一样，一家公司能否幸存主要看是否能得到银行的援助。而银行只为一些实体经济运作良好的公司提供援助，比如稳定经营的公司和开展强大社交性业务的公司。

亲身经历了这些情况，我不得不思考金融是否真的创造了价值，金融的作用是什么，金融究竟应该是什么样子的。我觉得最重要的是摆脱短期主义并"以更加长远的眼光看待问题"。如雷曼冲击被认为是百年一遇的危机，我们看到了。但如果我们能看到 200 年、300 年，甚至更长时间以后的话，或许我们会克服短期主义的限制。

r>g 的真相

关于"钱生钱"的争议一直以来都很大。在法国经济学家托马斯·皮克迪的畅销书《21 世纪资本论》中，有一个公式"r>g"十分有名，其中 r 指的是资本收益率，即投资股票或不动产获得的收益，g 是经济增长率，即劳动所得收入的增长。我们理解的普通业务既可以通过生产并出售某种东西赚钱，也可以通过提供服务赚钱。然而在金融的世界中，货币本身没有狭义的"工作"行为，但是，通过"钱生钱"的方式能够获得超过普通业务的资本回报率。

那么金融如何创造价值呢？

雷曼冲击展示出"r>g"的矛盾，令人感到金融并没有真正在创造价值。但是我不这么认为，金融真正的作用应该在其他地方。

在考察新一代金融时，我认为这是一个重要观点。如果不从这些根本问题上考虑，那么在数字化方面已经落后的现有日本金融机构将无法与金融颠覆者竞争，这是因为金融颠覆者正在解决这些根本问题。

从下一章起，我们将介绍金融颠覆者和现有金融参与者的发展动向以及新一代金融业的全貌。

第 2 编

金融颠覆者的战略

第 4 章

亚马逊银行的诞生

"万能公司"的金融业务

作为破坏现有金融行业的参与者，我首先想为大家介绍的是亚马逊。在问及亚马逊是什么样的公司时，只有极少数人会回答是金融公司。

的确，回答说亚马逊是世界上最好的在线书店早已不够全面。亚马逊现已成为一家万能商店，不仅销售书籍，还出售包括生活用品、家用电器、数字内容和生鲜食品等在内的诸多商品。甚至在"商店"之外，该公司已然发展成为"万能公司"，经营着云服务、语音 AI 甚至太空事业等各种科技业务。

如果看收入结构的话，最重要的当属亚马逊的云服务（AWS）了。为了支持亚马逊的网购业务，亚马逊投入了大量的人力、物力和财力开发云计算系统，并且向公众开放。其云服务占全球云市场 30% 的份额，从销售额来看，它占到亚马逊总收入的 10%，占营业利润的 70%。

完成所有经济活动

因为所有的经济活动都在"亚马逊要塞"中完成，所以亚马逊规模经济诞生了。现在有许多人会说"无法想象没有亚马逊的生活"。

在最近两年，接二连三地出现关于亚马逊规模经济扩张的话题。亚马逊在 2017 年以 137 亿美元的价格收购高端超市 Whole Foods 后，于 2018 年 1 月启动了 Amazon Go 无人便利店的常规运营。这意味着，亚马逊零售业已从"在线电子商务"发展到"离线实体店"，并进化为在线与离线合并（OMO）模式。

AI 语音识别助手"Amazon Alexa"也在不断地快速发展。亚马逊试图通过向第三方开放 Alexa，让其渗透到人们所有生活服务中，其目的便是让 Alexa 成为独立的生态系统。

实际上，Alexa 已被内置在包括智能扬声器在内的各类生活电子产品中，而且还被确立为语音识别 AI。自 2018 年 8 月起，用户可以通过私家车上内置的 Alexa 在 Whole Foods 上下单，然后去分支机构选购商品。

2019 年 1 月，在拉斯维加斯举办的 CES 2019 家用电器展上，主持人宣布配有 Alexa 的机器设备已经多达 2 万台。

试图进军所有业务的亚马逊目前正在发展与金融相关的业务，例如面向中小企业的"亚马逊借贷"和在线支付服务"亚马逊支付"，甚至有传言说亚马逊银行就要诞生了。

但是，仅听个别新闻的话，容易受其质量和速度影响，而且只依靠了解亚马逊当前的状况是无法预测亚马逊未来的。

三条承诺

对于亚马逊来说，金融的意义是什么？要想知道这一点，就有必要回顾一下亚马逊是个什么样的公司。

要了解亚马逊，就必须聚焦在亚马逊创始人兼 CEO 杰夫·贝佐斯的强烈使命，以及他的愿景之上，这也是我在《亚马逊的大战略》中一直强调的部分。具体内容请参考《亚马逊的大战略》。在本书中，我仅想介绍以下三点：

1 追求"全球最以客户为中心"的使命，贯彻执行对顾客体验的承诺。

2 对"低价＋丰富的产品阵容＋快速配送"的承诺。

3 对"大胆的愿景＋高速 PDCA"的承诺。

图 4-1 亚马逊的哲学·思想·执念

第一，亚马逊的使命是成为全球最以客户为中心的公司，而且对客户体验的承诺始终如一。

第二，对"低价＋丰富的产品阵容＋快速配送"的承诺。

第三，对"大胆的愿景＋高速 PDCA"的承诺。

亚马逊创始人的这些承诺被拔高到哲学层面，并在员工之间实现共享，这是亚马逊最大的优势。接下来让我们一起来看看这些承诺是如何体现在亚马逊的金融业务上的吧。

全球最忠实于客户的公司

亚马逊是一家以"全球最以客户为中心的公司"为使命和愿景的公司，他们把对客户体验的承诺做到始终如一。

这里的"客户"不仅是指电子商务网站上亚马逊的"消费者"，还包括在亚马逊上开店的商家、使用云计算云服务的公司，以及参与视频编辑录制服务（例如 Amazon Prime Video）的创作者等，即所有聚集在亚马逊生态系统中的人。

"客户体验"这一术语本身可能并不罕见，如果你是参与网络或市场营销相关工作的人，可能每天都会听到。但是亚马逊将"全球最以客户为中心的公司"作为自己的使命与愿景，这种贯彻到底的态度是不一样的。

贝佐斯在餐巾纸上绘制的商业模型

在亚马逊成立之前，贝佐斯在餐巾纸上随手写下的商业模式（稍后会详细介绍）中就已经出现了"客户体验"一词。这个小细节非常值得注意，因为它已经显示出亚马逊对客户体验的重视程度。

在此，让我们重新思考一下客户体验是什么。客户体验通常被理解为"客户体验的价值"，即客户可以通过产品与服务获得的体验的统称，比如"好用""愉悦""好理解"等。它最初是由市场营销学专家伯德·H.施密特教授提出的概念。

而它现在已成为网络营销中重要的概念之一，我相信它也将成为未来世界营销中最重要的概念之一。这是因为，即使在高性能服务行业，仅仅依靠服务本身根本无法与其他竞争对手分出胜负。无论性能多么优越，客户也不会选择劣质客户体验的所谓优越服务的。

亚马逊的客户体验

这里我想谈一谈"对亚马逊来说"的客户体验。如果只是嘴上说"我们重视客户体验"是一件很容易的事。很多企业都提出了类似的愿景，但是只有亚马逊在贯彻执行上做得非常细致。

由于常年关注贝佐斯，我觉得"贝佐斯一定是这么想的吧"。以此为契机，我想如此定义亚马逊的客户体验：

第一，要回应人类与生俱来的本能和欲望；

第二，解决随着技术发展而变得越来越复杂的问题和压力；

第三，"感知"的科技；

第四，不让客户觉得他们"正在进行交易"。

回应人类的本能和欲望

对亚马逊来说，客户体验首先就是感知作为人类与生俱来的本能和欲望，并给予回应。对于客户"任性"的需求，亚马逊也打算予以正面回应。

就说我们日常使用的亚马逊网站，也在不断追求易于找到的（页面），易于看到的（画面），易于理解的（文字），易于搜索的（目标产品），从而令顾客易于选择，易于购买，易于接收，易于使用，易于继续等的设计。

在亚马逊的商业模式中，客户体验是最重要的概念。因此，它绝不会发布客户体验差的产品与服务。

在商业领域，电子书阅读器 Kindle 就是一个很好的例子。在Kindle 诞生之前，电子书阅读器市场由以索尼为首的许多家企业占领。但是，他们过于重视先发者的利益优势，以至于在客户体验还不好的时候就推出了产品，因此没能席卷整个市场。

贝佐斯对 Kindle 的开发制定了严格的要求。例如，一旦开始阅读，就要有一种自然的操作感，能够让人忘记在使用设备（阅读）的感觉；不向用户收取下载所需的通信费用；在 Kindle 发售之前，提供10 万个标题以供下载。正是因为 Kindle 满足了上述这些严苛的要求，所以才取得了电子书阅读器市场的霸主地位。

"消费者永不满足"，这一点对贝佐斯的观察者来说也是相当熟悉的。贝佐斯也发表过这一声明："比如进入一家餐馆，我会想这家餐馆怎么做会变得更好。"

也就是说，贝佐斯一直在思考如何让永不满足的消费者无限接近满足，这种执着超乎常人想象。贝佐斯有时会被认为缺乏常识，甚至被喻为"火星人"。众所周知，他的脾气非常火爆，所以在"一对一"的人际交往中，他并不是一个令人满意的人，但是他将亚马逊的以顾客为中心主义贯穿到亚马逊所有的商业活动中，而不是停留在口号层面，这或许正是贝佐斯极端的个性所致吧。正因为如此，亚马逊才能成为亚马逊。

利用科技解决问题

随着科学技术的发展，亚马逊的客户体验正在解决越来越多的"问题"和"压力"。

亚马逊对于客户体验的追求永远不会停止。因为随着技术的进步，服务变得越来越便捷，当消费者的需求得不到满足时，消费者所感受到的不适也会随之增加。

请大家环视一下自己周围的生活环境，是不是发现就连以前不会在意的一些小事，现在都觉得可能会给自己带来影响。当你习惯了智能手机的快捷性和舒适性时，你连仅仅几秒钟的延迟都无法忍受。另外，试着思考一下，只买过一次东西的电子商务网站总是给你发送你毫无兴趣的电子杂志，这在以前是理所当然的事情，但现在却让人觉得烦躁。

在被称为"去现金化元年"的 2018 年前后，世界发生了巨大的变化。在便利店和超市的收银台结账时，如果是一年前，大家会坦然等待前面的人花时间取零钱进行支付，但现在这会让无现金支付的人感到不适。

在这样的时代，大家要求的客户体验只能是越来越好，正所谓"消费者永不满足"。

感知

尽管消费者永不满足，但是亚马逊提供的客户体验正在尽量满足日益复杂的客户需求。亚马逊通过"感知"技术可以实现这一点。

"感知"就是通过驱使感官来推测对方被什么所困扰以及想要什么。这是一种人类才具有的卓越能力，但是亚马逊正试图通过"IoT（物联网）+ 大数据 +AI"的算法来获得超过人类的"感知"能力，并让这些成为客户体验的重要组成部分。

高精度的推荐功能就是一个例子。与贝佐斯曾经一起共过事的亚马逊数据前首席科学家安德雷斯·韦思在他的著作《亚马逊经济学》（文艺春秋，土方奈美译）中写道，"亚马逊以 0.1 人的规模进行用户细分"。这意味着，亚马逊会针对每个用户每时每刻不断变化的需求进行营销，例如根据用户购买或检查产品的历史记录、搜索时输入的关键词等大数据，AI 会分析特定用户的心理和行为模式，针对每个用户的喜好去进行量身定制的推荐。换句话说，亚马逊使用"大数据 +AI"技术与用户实现了实时的一对一营销。

对亚马逊来说，客户体验是什么？

- 回应客户作为人类与生俱来的本能和欲望
- 解决随着技术发展而变得越来越复杂的"问题"和"压力"
- "感知"的科技
- 不让客户有"在进行交易"的感觉

图 4-2 客户体验的哲学·思想·执念

不让用户有"在进行交易"的感觉

现在亚马逊的客户体验已经发展到让顾客感觉不到"正在进行交易"的程度。

这是一种舒适、快捷的服务，甚至让你感觉不到是在购物或付款，在无人收银便利店 Amazon Go 中尤为明显。到 Amazon Go 购物，你只需将智能手机放在自动检票口之类的闸机上，就可以通过验证你的 Amazon ID 进入商店，然后从展示货架上选货了。当你离开商店时，系统会自动进行结算并向你的手机发送收据。亚马逊提供的这种服务，让人甚至不知道自己在购物，这种方式将全面渗透到我们的生活中。

另外，我在西雅图体验过 Amazon Go 后确信，亚马逊推出无人收银便利店并不单纯只是为了提高生产效率和解决人手不足的问题，更是为了提高用户的客户体验。

低价格 + 丰富的产品阵容 + 快速配送

贝佐斯也经常提到他的第二个承诺，即低价格、丰富的产品阵容和快速配送。

如前所述，要不断满足极致化的客户需求并不容易，但是客户需求中也有一些部分是一直不变的。在被问到"亚马逊 10 年后是什么样子的"时，贝佐斯没有直接回答，但他却明确指出"消费者将继续追求低价、丰富的商品种类、迅速的配送，这在 10 年后也不会改变"。

但是，对"低价格、丰富的产品阵容和迅速的配送"的期望水平在 10 年前、现在和 10 年后必将大不相同。与客户体验一样，用户要求的水平也在不断变化。而且 10 年后的低价格、10 年后的丰富的商品种类以及 10 年后的快递配送应该比现在更加发达。

AI 预测并自动送达

人们对"快速送达"抱有的高度期待是最容易感受到的。20 年前，要求快速送达的用户还很少，也不会认为这能成为可能，但是现在及时配送已经变得理所当然，仅仅忍受 2—3 天的等待时间就会让人感到焦虑。所以在我看来，贝佐斯应该能实现更快的配送，"无须订货，需要的东西由 AI 预测并送达"的速度感将会成为现实。

贝佐斯强调，要做到上述这点，建立周密的业务结构、收益结构和成本结构是必不可少的。如图 4-4 所示，在亚马逊的商业模式中，在客户体验的前面设有"低价格"和"备货"，表明贝佐斯对"顾客最先要求的是低价和备货"的认识。另外，在"低价格"的前面设有"低成本结构"，因为只有构筑低成本体制，才能持续提供低价格的商品。

大胆的愿景和超高速 PDCA 模式

贝佐斯的第三项承诺是对"大胆愿景和高速 PDCA"的承诺。第一项他先是树立了"全球最以客户为中心"的宏伟愿景，并在同时反向考虑并实施"现在这里"要做的事情；第二项是高速执行 PDCA 模式，即超长期思考和速度的结合；第三项是强调要重视长期现金流，而不是短期利润，也就是重视追求基础创新的经营理念。

这种方法不仅限于亚马逊，在美国和中国的大型科技公司中也很常见。关于这一点，下面将会详细说明。

指数级增长

现代科技企业的成长，有时可以用"指数级数"来形容。作为反义词的"算术级数"是指每隔一段时间以 1、2、3、4 倍的方式增加，而指数级数是指以 1、2、4、8 倍的方式增加。这是当前美国科技行业中最重要的概念之一。

提出这个概念的是奇点大学的奠基人彼得·迪亚曼迪斯，他是 X-Prize 基金会的首席执行官，也是一位拥有 15 家太空和高科技公司的企业家，一言以蔽之，他就是美国科技业的大师。在迪亚曼迪斯的著作《BOLD 穿透的力量》中，他总结的内容对贝佐斯等众多创业者有着极其深远的影响，其精髓是"从细微处开始大胆地想象，超高速运转 PDCA 循环，最终谋求修正轨道"。迪亚曼迪斯说，这才是获得指数级数式增长的关键。

6个D

迪亚曼迪斯认为，指数增长可以细分为"6个D"，从数字化（Digitized）开始，但不能一蹴而就。指数函数是"成倍增长"，从最初的0.01变为0.02时，增长是看不见的，从0.02变为0.04也是一样。因此，在数字化之后，将会持续一段潜伏（Deceptive）期。

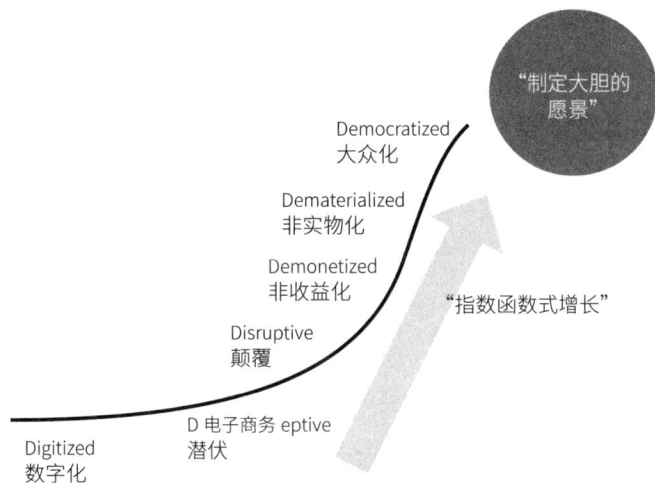

图 4-3 指数成长型企业的"6个D"

但是，当你继续玩加倍游戏时，某个时刻开始会出现爆炸性增长。迪亚曼迪斯写道："如果我从位于圣莫尼卡的自家客厅直走30步（假设每步走1米），大概会穿过家门前的马路，但是如果你从同一地点出发并以指数方式行走30步，那么将到达一亿米之遥，也就是绕地球26周。"

指数级数式增长的结果就是颠覆（Disruptive）阶段的来临。随着一家公司以指数级数增长，其相关行业或其他公司会受到灾难性的影响。一个典型的例子是"亚马逊效应"，该效应是指，亚马逊的业绩增长迫使许多零售商店关门。据非营利组织地方自立研究所（Institute for Local Self-Reliance）统计，截止到 2015 年，1350 万平方米的实体店铺真的已经变成了空房子。

我们正处在巨大的冲击之下，近年来许多人感受到了世界的飞速变化。在各个领域秘密进行的数字化运动终于迎来颠覆性阶段，近年来成为热门话题的深度学习和自动驾驶也曾经历这样的过程才发展到今天。

颠覆性（Disruptive）发展之后是非收益化（Demonetized）、非实物化（Dematerialized）及大众化（Democratized）。

一切始于数字化

迪亚曼迪斯在说明指数级数增长的过程时，以数码相机进行举例。最初胶卷相机数字化的时候，并非一下子就席卷了市场。世界上第一台数码相机诞生时的像素数为 0.01 兆像素，即使成倍增加，也不会有太大变化，这就是潜伏期。但是，不久后就开始了爆发性的增长，像素数瞬间突破了"兆"的壁垒，到此，像素不断增加的数码相机"摧毁了"胶卷相机市场，开始进入"非收益化"阶段，而数码相机很快成为智能手机内置的"非实物化"产品，最后迎来每个人都拥有的"大众化"时代。

在此，我想再次强调指数级数增长始于"数字化"。

许多人已经看到或听到了"数字化转型"一词。通常，这意味着 IT 的渗透将使我们的生活朝着更好的方向发展，它不仅涉及系统化、网络化和云化、移动和 SNS、大数据、人工智能、物联网、RPA（利用机器人实现业务自动化），还涉及技术战略和经营战略的话题。

但是"不仅仅限于此"这一点非常重要。

因为，数字化转型改变的不是企业的某些部分，而是企业的"全部"。重新定义使命、愿景、价值和策略是数字化转型的本质，除非从公司的基础上进行数字化，否则就不能期望指数级数的增长。这并不是在形式上"引进某个新的系统和服务就可以了"的事情。

"DAY 1" 的精神

现在，再次回到亚马逊的高速 PDCA 循环模式话题上。

贝佐斯的故事中一定会出现"DAY1"这个词。不仅如此，亚马逊的官方博客名也是"day one"，贝佐斯办公室所在的大楼也被命名为"DAY 1"。而且，在亚马逊的年报中还附有 1997 年亚马逊创业年的股东信函，上面也写着"Still DAY 1"。

这个词包含的信息是，对于亚马逊来说，无论何时，今天都是创业日。

与此形成鲜明对比的是，贝佐斯将"DAY 2"一词用于谴责遗忘创业初衷，不断衰退的"大企业病"上。

企业创始文化

贝佐斯一直坚持"DAY 1"，以免失去亚马逊的命脉——创新。对于持续创新而言，除了人员、事物、金钱和技术等因素以外，最重要的是坚守企业创始文化。因此，贝佐斯一直说"Still DAY 1"。

此外，贝佐斯还指出，重视客户是保持"DAY 1"活力的最有效方法。他还在年度报告中写道："客户即使在幸福美满、生意兴隆的时候，甚至在万事如意的时候也会心有不满。"

只要做到以"客户为中心"，亚马逊就不会陷入"大企业病"，这也是现有金融机构在推进数字化变革时，"从企业根本上革新，并摆脱大企业病"不可缺少的治病良药。

始于"一键"的结算和金融业务

上面我们介绍了亚马逊公司的特色和优势。接下来，我们将谈一谈"对亚马逊而言的金融是什么"。

我对于这个问题的看法可以归纳为以下三点：

第一，如前面所说，银行的三大主要业务，即存款、贷款、汇兑都可以模拟创造。即使没有银行的执照，金融颠覆者也可以利用数字技术开展与银行一样的业务，在这点上，亚马逊是众多金融颠覆者中的先驱。

亚马逊、阿里巴巴和腾讯，这三大巨头的业务领域已然超越了许多大型现有金融机构和金融科技公司。阿里巴巴以支付应用"支付宝"为切入点来扩大其服务范围，而腾讯则以社交应用"微信"为切入点试图垂直整合金融业务，进而全面支配整个生活服务。

而亚马逊已经复制了银行的三大业务——存款、贷款、汇兑业务。例如，为了增加零售与电商的销售额，亚马逊升级了结算功能（如"一键结算"等），并提供贷款业务（如"亚马逊贷款"等）及实质性存款服务（如"亚马逊礼品卡"等）。

亚马逊、其他金融颠覆者与银行的决定性区别在于，亚马逊是集商流、物流和资金流三位于一体的。亚马逊贷款是针对供货商和卖家提供的贷款业务，这对供给链上的金融服务之贡献是非常大的。

第二，比起现有金融机构，金融颠覆者更能发挥金融的基本功能。在发达国家，有资金需求的更多是小微企业和个人，然而向他们提供资金的不是奉行担保主义的银行，而是能看到"商流"来出借资金的金融颠覆者。这一点在阿里巴巴身上很明显，在亚马逊也发挥了同样的作用。

第三，它把科技公司的"理所当然"带入了金融业，尤其是亚马逊还引入了"客户体验"的游戏规则。从全球角度来看，中国在这方面超越其他国家的科技成果处于领先地位，但由于阿里巴巴和腾讯的服务尚未渗透到其他国家，因此更容易理解的是亚马逊的客户体验。

加强商业模式的循环

为什么亚马逊要进军金融领域呢？为什么要开展存款、贷款、汇兑这三大银行业务呢？让我们深挖一下吧。

　　亚马逊通过运用贝佐斯创业时在餐巾纸上绘制的商业模式（图4-4），拓展了亚马逊规模经济。

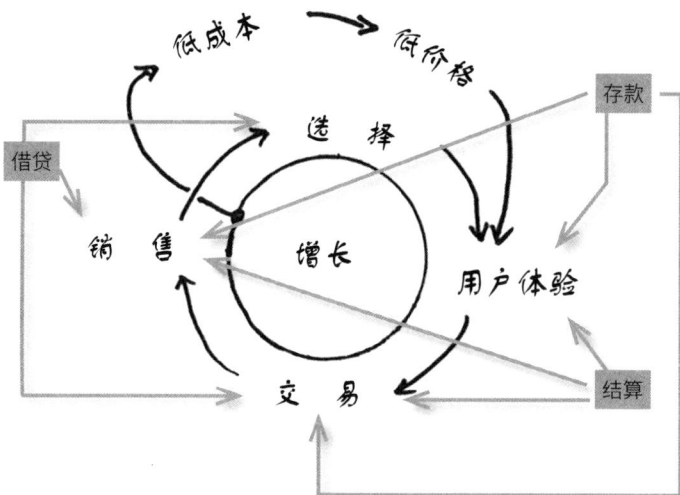

图 4-4　亚马逊的商业模式与金融业务的关系

　　商业模式的核心是"增长"，在其周边可以绘制出以下循环图。

　　"增加选项（商品种类）"，即经营多种商品，对顾客来说，选项增加的话，"顾客的满意度就会提高"，一旦提高了顾客的满意度，"流量就会增加"，也就是说人们会聚集到亚马逊这里，继而会吸引大批"想在这里卖东西"的商家。"选项增加"→"顾客满意度提高"→"选项增加"→"顾客满意度提高"……如此形成亚马逊规模经济成长的循环模式。

总而言之，亚马逊的金融业务以加强这种周期性循环的方式促进了亚马逊规模经济的扩张。这将增加销售商的数量，直接支持销售商的业务，并有助于扩大产品线，最终整个亚马逊规模经济的流量也会增加。

让我们来具体看看吧。亚马逊提供的"贷款"功能之一"亚马逊贷款"，面向在亚马逊开店的商家（卖家），基于他们销售额的变动、顾客的评价等数据来进行信誉评估。利用这项贷款，商家提供的商品种类会变得更加丰富，商业价值也会增加。

"结算"功能也是一样，众所周知，一键结算是亚马逊爆发式增长的一大契机。从那时起，亚马逊持续投入结算功能的创新，例如Amazon Pay、Amazon Go 和语音支付 Amazon Alexa 等。这在带来更加优质的客户体验的同时增加了流量。

创业以来，亚马逊一直在追求卓越的客户体验，也就是"最以客户为中心"的愿景，而且这一愿景和上述业务模型自始至今都没有改变。金融业务也属其中的一环，一键式付款方式极大地提高了客户体验。但我们要知道亚马逊进军金融业务只是促进亚马逊规模经济扩张的一种方式，它并没有打算通过自身的金融业务来与其他企业争霸。

颠覆迄今为止的"理所当然"

如果要简单地表达亚马逊给金融业带来的破坏性冲击的话，那就是"以前不觉得理所当然的事情，现在变得理所当然了"。

如今所有的行业都在发生以下的变化。如在旧态依然的传统行业中，"不方便""费事""花时间""需要人来完成""不友好""不悦""迫使人意识到正在交易"等，这些都是"理所当然"的。这不仅限于金融业，零售、广告和出版行业都是如此，甚至可以说，它几乎存在于任何行业。

但是，把追求客户体验作为自己掌中宝的科技公司已经颠覆了这种"理所当然"，诸如"方便""省事""不花时间""易懂""自动提供""友好""愉快""没有交易感"之类的在线服务已经变成理所当然的事情了。

今后，随着数字化转型在所有行业中的推广应用，这种新的"理所当然"将会普及，亚马逊当属先驱。

接下来让我们看看亚马逊开发的与银行的存款、贷款、汇兑这三大业务有关的主要金融服务。

无意识支付的科技

亚马逊最早开始的金融服务是与"汇兑（支付）"相关的服务。因为提高支付功能的便利性，对于促进重复购买、增加电商与零售额的效果最好，所以亚马逊才执着于支付业务。

亚马逊的创业始于 1994 年，1997 年贝佐斯就发明了一键支付（One-Click）。从这个速度可以看出，贝佐斯可能在创业前就以实现"无意识支付"的客户体验为目标了。

一键支付，顾名思义，点击一次即可实现结算、发送的功能。买东西的时候，可以省去输入邮箱地址、卡片信息、送货地址等麻烦，"想要的东西马上就能买到"。因此，作为电子商务网站，亚马逊的便利性有了飞跃性增长。现在，网站如果不能一键完成购物的话，甚至会让人感到有些焦虑。想要在亚马逊以外的电子商务网站买东西的话，在付款的过程中会遇到不少麻烦，考虑到这一点，"购物全部在亚马逊上，一键搞定"的生活方式自然会得到大家的青睐。

因此，"无意识支付"可以提高客户体验的满意程度。当然，亚马逊自身也应该认识到"无意识支付"的重要性，在此基础上设计开发一键付款之后的结账服务。如今数量不断增加的无人便利店 Amazon Go 既没有收银台，也不会让顾客感觉到在进行支付，它的起点就是一键支付。

Amazon Pay 大幅提升交易额

接下来让我们看一看 Amazon Pay 的重要性吧。Amazon Pay 是一项支付服务，允许用户使用自己的亚马逊账户登录亚马逊以外的电子商务站点，并使用其账户中注册的信息进行购买。通过在电子商务网站上引入 Amazon Pay，用户可以节省输入送货地址、电子邮件地址和信用卡等信息的时间和精力。尽管不是一键式操作，但它可以让用户仅需要很简单的两次点击即可安全顺畅地购物。从 2017 年开始，实体商店就使用 Amazon Pay 进行支付。自 2018 年起，实体商店则开始使用二维码进行支付。

提供服务 3 年以来，上千家的电子商务站点已经引入了 Amazon

Pay。据亚马逊称，引入 Amazon Pay 之后的转化率（购买率）是引入前的 1.5 倍，新客户获取量达到 58%。在 Amazon Pay 的服务页面上，详细刊载着电子商务运营商的评论和事例。

日本的眼镜品牌睛姿（JINS）也是引入 Amazon Pay 的企业之一。该公司于 2007 年开设了电子商务业务，销售额有了大幅度提升，但他们只有 3 种付款方式，即信用卡付款、便利店付款和货到付款。只是所有这些付款方式都需要注册会员，而眼镜的更换周期顶多是一年，只为偶尔购买就不得不注册成为会员似乎就成了一种负担。另外，许多用户似乎会在购物中途离开页面，再回来时还需输入信息，就会很麻烦。

这就是睛姿在 2016 年引入 Amazon Pay 的原因，自推出 Amazon Pay 以来，睛姿的转化率提高了 30%。

"选择 Amazon Pay 进行支付的用户在网上的产品退货率很低。此外，在和热门在线游戏的合作产品中使用 Amazon Pay 进行支付的产品比例已经超过总数的 40%。使用 Amazon Pay 的商家认为大多客户熟悉电子商务，对互联网具有亲和力。"（来自 Amazon Pay 服务页面）

亚马逊是一家不对外公开客户数的公司，却在 2016 年时透露，目前全球有 170 个国家和地区的 3,300 万人正在使用 Amazon Pay。

Amazon Alexa 语音支付

作为语音支付的一种，Amazon Alexa 已经越来越流行。虽然使用内置 Alexa 的设备（例如 Amazon Echo）进行购物的人还不是很多，但是有不断增加的趋势,"语音支付"这种表达方式在美国已经十分普遍。

Alexa 的实用性也在不断升级,我也用过几次。有一天,我想买巧克力,就跟 Alexa 说:"Alexa,帮我订个明治巧克力。"Alexa 答道:"明治巧克力价格是 ××,要订吗?"如果回答 YES,它就帮我订;如果是 NO 的话,它就会推荐别的巧克力。

与文字输入相比,语音输入更简单,即便手在被占的情况下也能使用,最重要的是它"只需说话就能购物",这使客户体验的价值达到了最高。"美国的语音支付已经开始变得流行,截止到 2017 年 4 月,美国已经有 8% 的人在使用语音支付。BII 预测,未来 5 年使用语音支付的人将增长到 31%,人数将从 1,800 万直接增至 7,800 万,到 2022 年,将会有 1/3 的美国人使用语音支付。"

在万物互联的物联网时代,作为支付设备的亚马逊购物按钮(Dash Button)诞生了,这是一款只需 WIFI 连接功能和两个按钮的小型物联网设备,用户可以通过按动按钮来订购事先设定好的产品,也就是说,连搜索产品这一环节都省略了。令人震惊的是,在 2019 国际消费电子展上,韩国 LG 公司展示了一款能够以数字方式显示所有亚马逊购物按钮的物联网冰箱,换句话说,甚至连付款设备也被数字化了。

也许你会认为,现在的亚马逊购物按钮是 Alexa 出现之前的一项服务,它通常被用于购买常用的家居用品,例如洗涤剂、厕纸和饮用水等。一旦下过订单,它将会持续推荐该产品,因此很有可能会被未来普及的语音支付所替代。实际上，亚马逊已经在 2019 年宣布停止推出新的亚马逊购物按钮。

通过 Amazon Go 实现物联网（IOT）支付

Amazon Go 通常被当作物流业的一种新形式，但我认为，它将作为一种新的结算方式而引人瞩目。

Amazon Go 于 2016 年在亚马逊总部所在地西雅图开始试运营。截止到 2019 年 1 月分支机构仅有 9 家，据说亚马逊正在商讨到 2021 年开设 3,000 家分支机构的计划。在 CES 2019 上，有很多人指出"亚马逊可以做到这一点"。

让我们再看一下 Amazon Go 的运营方式。购物的客人在自动检票机那样的闸机口扫描手机二维码，进行 Amazon ID 身份验证后入店，然后从货架上选取商品并离开，离开时系统会自动结算，购物收据会被发送到顾客的智能手机上。虽然 Amazon Go 的技术支持还未详细说明，但从亚马逊发布的信息来看，其所使用的物联网技术几乎媲美大企业最尖端的技术。

这项技术被命名为"Just Walk Out"。"计算机视觉"通过店内的摄像头对客人面部进行识别，观察客人在哪里做什么，"混合传感器"可以识别顾客在哪里取了什么商品，然后 AI 通过"深度学习"掌握客户行为，以超高的速度运行 PDCA，进一步提高用户体验。

面向商家的融资——"亚马逊贷款"的革新

亚马逊面向商家提供了一项借贷服务，名为"亚马逊贷款"。

亚马逊公司网站表示："短期运行资金贷款可以帮助经营者进一步拓展业务。"这项贷款的优点是，在线融资可以在短短的 5 个工作日内及时完成，并且采用简单的还款程序，每个月从结算的亚马逊账户中自动扣除卖家的销售额，贷款额度最高可达 5,000 万日元。

亚马逊在进行贷款审查时，评估所需的材料并非商业计划或房地产抵押品，而是亚马逊在商流、物流和资金流中积累的大量数据。亚马逊会根据贷款公司过去的销售业绩和结算数据来判断是否提供贷款。

亚马逊之所以能够做到这一点，是因为亚马逊三位一体控制着的商流、物流和资金流。亚马逊以"亚马逊配送"的名义向卖家提供物流服务，所以清楚地掌握了商家的商品销售和库存状况。迄今为止，借贷业务是银行和非银行信贷机构的天下，但是亚马逊正在利用其商流、物流和资金流的数据成为面向企业借贷的主要参与者。

需要注意的是，亚马逊最终的目的是扩张亚马逊规模经济。通过向商家提供贷款不仅可以赚取利息，而且由于商家的业务增长，亚马逊的销售额也会增加。

具有存款功能的"亚马逊礼品卡"和"亚马逊现金"

在银行的三大主要业务中，监管最为严格的当属存款业务。毫不夸张地说，从大家那里收集资金存储起来的业务是银行存在的最佳理由。对银行而言，以自有资本比率为首，需要遵守许多严苛的硬性规章制度。

但是，"亚马逊礼品卡"和"亚马逊现金"在"保管用户资金"这一点上，可看作其具有广义上的存款功能。它不是以利率的形式，而是以积分的形式提供给用户银行存款所不能给予的实际利息。

"亚马逊礼品卡"是可以在亚马逊购物的礼品卡，可以在便利店或网上购买。有些用户购买"亚马逊礼品卡"当作礼品用于送人，也有作为付款方式使用。用户可以选择任意充值金额的礼品卡，每次在便利店、ATM 或网上银行充值时，亚马逊普通会员最高可获 2.0％ 的积分，高级会员最高可获 2.5％ 的积分，对比 0.001％ 的银行储蓄利率和 0.01％ 的定期存款利率，"亚马逊礼品卡"非常具有吸引力。

"亚马逊现金"（Amazon Cash），即所谓的预付费账户。一般在亚马逊上购物的话，用户需要开通一个账户，并绑定自己的银行账户或信用卡。"亚马逊现金"省掉了这种麻烦，直接让用户使用其存入亚马逊账户中的现金进行购物。

"亚马逊现金"的用户是没有银行账户或信用卡的人。在美国有一个词叫"unbank"，是指没有银行账户或正在接受非银行金融服务的人。根据美国联邦存款保险公司（FDIC）的一项调查，在美国，估计有 3,350 万家庭没有银行账户。在此之前他们无法使用亚马逊，但是"亚马逊现金"带他们走进了亚马逊规模经济。

现有金融机构甚至会失去"管理职能"

近年来，围绕金融业的争论中，有人认为金融科技将在未来主导市场，而现有的金融机构将仅剩下"管理职能"。关于这一点，我想引用《金融科技的影响》这本书的部分内容进行说明。

"……银行的业务仅限于账户的维护和管理。金融科技公司需要与银行建立联系才能给用户的账户存（取）款并查询余额，其他服务则全部由金融科技公司自己提供。说得极端一点，现有金融机构可能只剩下维护和管理其账户的功能了。如此一来，现有金融机构自然就很难脱颖而出。

"就像日本有 3 家通信运营商都经营苹果手机，那么消费者就不必担心选择哪家运营商一样，如果金融机构的客户只需开通账户，那么他们可以去任何一家银行，最终银行就会陷入与通信运营商一样的境地。"

但是，一旦像亚马逊现金这样的金融科技也能提供存款功能时，就连"账户的维护管理"都不再是金融机构的专属职能了。用户使用"亚马逊现金"充值，即使没有银行账户，日常生活也不会有任何麻烦。2018 年，有报道称厚生劳动省考虑取消电子货币工资的禁令（共同社，2018 年 3 月），也就是"可以想见在智能手机支付程序上通过转账来支付工资，即将成为现实"。在这种情况下，银行甚至连管理职能都可能要失去了。关于这一点的分析，可以参阅我在第 8 章的论述。

基于层状结构的精准预测

如上所述，亚马逊推进金融业务似乎是扩张亚马逊规模经济，并实现"全球最以客户为中心的公司"使命的必然结果。如果是这样的话，那么没有预料到"亚马逊银行"的诞生反倒显得奇怪。

事实上，亚马逊正在试图全面进军银行业务，但是由于现行的各类复杂规定以及美国银行业的反对，亚马逊还未能做到这一点。尽管如此，亚马逊已经开发了法规许可下的信用卡业务以及金融服务，例如亚马逊贷款和 Amazon Pay。

在亚马逊等美国大型 IT 企业进军银行业受阻的情况下，中国的阿里巴巴和腾讯，这些面向中国人开发的在线支付服务，却正在美国迅速地扩张。美国金融业在感受到来自中国 IT 巨头的攻势之时，已开始认真探讨并重新审视如何将银行和商业分离的硬性规定。今后我们有理由认为此举将鼓励 IT 巨头进入银行业，促进金融业界的竞争，进而提高美国银行在该领域的竞争力。我认为美国金融机构允许包括亚马逊在内的 IT 巨头进入银行业只是时间问题而已。

以虚拟货币为轴心运行"大数据 +AI"

我们知道，亚马逊如果要进军银行业的话，最先会从借贷和结算业务入手。

相较于云服务部门的客户银行，如果支持业务 AI 化的亚马逊开拓银行业务的话，那将会给业界带来比阿里巴巴和腾讯的到来更大的破坏性冲击。

说得更具体些吧。我们可以预想，亚马逊会以自己的虚拟货币为核心来拓展亚马逊规模经济，利用科技公司的技术，使用区块链和 AI 技术来打造新的金融和商业平台。

我相信，作为运用"大数据 +AI"技术，充分活用众多银行利用云服务经验的"AI 银行"——"亚马逊银行"应该很快就会诞生。而且亚马逊很有可能成为本书最后一章提到的"金融 4.0"时代的先驱。如果亚马逊在其自己的规模经济内发行亚马逊币，那么无论是在名义上还是现实中，都将会形成一个巨大的规模经济。

然后，没有实体分支机构、员工和庞大体系等陈旧体制的数字银行——AI 银行便会诞生，它就是"亚马逊银行"，在为客户提供卓越的客户体验和快捷的服务的同时，致力于提高用户的便利性。在现实世界中，当 Amazon Go 的银行版分支机构以新的商店形态被推出时，无疑又将会成为现有金融机构的最大威胁。此外，似乎也没有什么依据可以完全否定亚马逊银行的诞生。

以亚马逊银行为核心的层状结构

图 4-5 总结了以亚马逊银行为中心的层状业务结构，它预测了亚马逊银行实际开展时的业务结构。

首先，云计算服务被定位为所有业务的基础架构。云服务将发挥亚马逊银行的大脑功能，并对外公开亚马逊银行的 AI 银行专业技术。这是亚马逊银行积累起来的，作为其新技术基础的专业技术。

金融服务	零售	娱乐	出行服务	智能家居	其他服务
"结算"	Amazon Pay （各种支付）		Amazon Alexa （语音支付）	Amazon Go （物联网支付）	
"银行"	亚马逊银行				
"物流"	FBA（亚马逊物流）				
"云计算"	AWS（亚马逊网络服务）				

图 4-5　以亚马逊银行为核心的层状结构

位于云服务之上的是物流部门，也是电子商务 & 零售的命脉。控制物流是亚马逊的特色之一。随着亚马逊银行的开展，商流、物流和资金流将会得到三位一体的精准控制。

亚马逊银行在承担整个亚马逊资金流的同时，还将在连接各种结算（Amazon Pay）、语音结算（Amazon Alexa）和物联网结算（Amazon Go）中发挥作用。此外，从"银行"与"储蓄"的观点来看，我认为控制商流、物流和资金流的亚马逊银行具备作为"信息银行"开展业务的潜力。

单从支付功能来看，亚马逊银行的成立意味着，亚马逊将会与中央银行结算系统以及民间银行系统连接，也就是说亚马逊银行的账户将与 Amazon Pay、Amazon Alexa 和 Amazon Go 等直接关联。正如导言

《即将到来的 2025 年 4 月》中预测的那样，即使亚马逊币作为亚马逊独立的货币出现，也不影响亚马逊银行账户带给亚马逊和消费者双方极大的便利性。

作为亚马逊银行客户接触点的结算部分，Amazon Pay、Amazon Alexa 和 Amazon Go 将能够吸引客户使用亚马逊提供的各种产品、服务和内容。这些服务包括：银行、证券、保险等金融服务，电商、零售、娱乐，配有 Amazon Alexa 的移动服务以及将 Amazon Alexa 引入生态系统的智能生活服务。

"将客户置于宇宙最中心"

亚马逊银行诞生之初，对现有金融机构最大的威胁是，在"以客户为中心"的使命下开展的银行业务以及与之密切相关的优质客户体验。正如我们在《即将到来的 2025 年 4 月》中预测的那样，亚马逊银行将会以"感觉不到在进行银行交易的舒适体验"为口号来开展业务。

依照贝佐斯本人的定义，以客户为中心的原则由倾听、发明和个性化三个部分构成：倾听并回应客户的需求，并以此为基础进行发明和创新。其中"个性化"的定义堪称绝妙，即"put them at their own universe"。其中文意思是，将顾客置于自己宇宙的中心，即为个性化。

当启动金融业务时，我想亚马逊可以活用其培育的"大数据 + AI"技术，同时为多人定制专属于他们的金融服务。

例如，对于在亚马逊电商网站上交易的中小型企业，亚马逊通过利用他们在网站上积累的商流、物流和资金流等全方位数据，确认该公司真正需要的贷款金额和时机。在"动态定价"（使用 AI 的动态定价方法）决定的利率下，亚马逊不仅可以提供贷款，而且还可以提供财保和盈余资金管理等方案。

随着新一代内置 Amazon Alexa 的汽车的出现，亚马逊可能会拓展根据汽车的行驶距离来提供汽车保险的服务。

亚马逊提供的贷款和保险仅限于"用户使用的及想要使用的部分"，用于投资的盈余资金仅限于"用户余下的部分"，在这些方面，我想亚马逊比现有金融机构更加具有优势。

贝佐斯一直提及的"个性化"行为，再结合"大数据＋AI"，极有可能让亚马逊银行的诞生成为现实。

2025 年，你会选择哪家银行

基于以上分析，我认为亚马逊银行的特色是，第 2 章图 2-2 中所示的"今后的理所当然"8 个项目。即：

①便利
②省事
③不花时间
④易懂
⑤自动完成
⑥友好

⑦愉快

⑧没有意识到正在交易

正如在导言中所述，亚马逊银行诞生之初对金融领域构成的威胁是：亚马逊将垂直整合电商、核心零售业务与金融业务，并且能够在生活的各个方面提供金融服务。

2025 年，你愿意选择"AI 化银行"还是"亚马逊银行"进行交易？这就决定了"亚马逊银行"诞生之日是否能够真正到来。

新加坡星展银行的首席信息官大卫·格勒希尔说："如果亚马逊的贝佐斯从事银行业务，他会做什么？"沿着这个观点出发深入思考的结果就是，该银行会成为世界上最好的数字银行。希望通过本章的学习，读者能够以设计思维和批判性思维去看待问题。

第 5 章

引领中国成为全球最先进金融科技大国的

阿里巴巴与腾讯

以金融为业务核心拓展生活服务

阿里巴巴和腾讯，与亚马逊一起并列为世界三大科技巨头公司，这两家来自中国的公司已经率领中国迈入全球最先进金融科技大国之列。

如果你认为"全球最先进金融科技大国"一词言过其实，那么我建议你先耐心阅读完本章内容。如果可以的话，请大家让自己在日本的中国朋友介绍一下阿里巴巴的应用程序——支付宝。虽然，支付宝在日本被定位为"面向海外中国旅客提供金融服务"的一款应用程序，但是我们会惊奇地发现，它不仅提供了详细的加盟店信息，还提供包括银行、证券、保险和共同基金，以及电子商务和其他服务等金融业务，使用户可以做到交易的无缝衔接。

正如下面所述的，阿里巴巴金融的独到之处并不仅仅停留在支付宝的表面功能上，也就是并非只有先进的无现金与二维码结算技术。阿里巴巴以电子商务为根基，拥有物流业务、实体店、云服务、太空服务和金融，已然成长为一家涵盖所有业务的国际型大公司，并不断拓展自己的规模经济，在这一点上阿里巴巴与亚马逊十分相似。

特别是在金融方面，阿里巴巴开展的业务远超亚马逊。从一开始阿里巴巴就致力于开展金融服务，尤其是在线支付功能。

截止到 2018 年 3 月的数据显示，支付宝的年度活跃用户有 8.7 亿，并且现在可以在 40 多个国家和地区使用。

而腾讯在其社交应用程序微信中内置了具有结算功能的 "微信支付"。据 2018 年 6 月的季度报告显示，微信每月有大约超过 10 亿活跃用户。

以这两个应用程序为参考，我们能计算出中国的无现金支付比例已上升至 80% 以上。

比亚马逊更强的 "金融霸权" 意识

那么，阿里巴巴和腾讯执着于支付功能的目的是什么呢？

如第 4 章所述，亚马逊提供金融服务的目的是为了扩张亚马逊规模经济，而金融服务终究只不过是一种手段，这就是为什么亚马逊 "不打算依靠金融业务获取霸权" 的真实原因。

比起亚马逊，阿里巴巴和腾讯又是怎样的呢？对于这两家公司而言，金融是其商业模式的核心。阿里巴巴盈利的核心是支付宝，而且正在与另一家战略公司蚂蚁金服共同推动其金融业务。

以大量的微信用户为基础，腾讯的目标在于支配整个生活服务。凭借其优越的客户接触点以及可以从中获得的大数据，腾讯在金融服务方面要赶上已经领先的阿里巴巴应该不难。相反，以阿里巴巴为参照，腾讯可以充分发挥其后发的优势。

无论如何，对于中国这两家金融颠覆者来说，金融业务必不可少，而且他们争夺霸权的意识十分强烈。仅凭这一点，这两家公司对金融行业的威胁要大于亚马逊。

比现有金融机构更接近金融本质

支付宝已经是阿里巴巴电商平台的一种支付方式，而微信支付已成为社交通信平台（如腾讯通话和信息）多元化业务的一部分。换句话说，阿里巴巴和腾讯最初并不是金融参与者，但是现在他们已经成为世界上最大的两家金融科技公司。

他们为金融业带来什么价值？我认为他们"比现有金融机构更接近于金融的本质"。

在第 2 章中我曾说过，新一代金融参与者的三大功能就是：在其平台中拥有巨大的商流、资金流和物流。阿里巴巴和腾讯一直在其生活服务平台上融合商流、资金流和物流，累积与每位用户相关的大数据。这些数据将被用于开发新服务。更重要的是，它们将被用于测量每位用户的信用或成为信用评估的信息。

现有金融机构无法摆脱传统的担保主义，因此无法充分为真正需要资金的中小企业、小微企业或个人提供金融服务。换句话说就是，现有金融机构未能发挥金融本来应该发挥的作用。

另一方面，阿里巴巴和腾讯在其平台上积累了商流、资金流和物流等数据信息，并以此来评估需要资金的个人和中小企业的信用，给他们贷款。因此，我认为阿里巴巴和腾讯体现了现有金融机构所缺少的金融本质。

阿里巴巴的创始人马云认为："如果将公司划分为富人和穷人的话，那么互联网就是穷人的世界。大公司拥有自己的信息渠道以及巨额的广告预算，而小企业什么都没有，因此小企业只能依附于互联网，而我将率领穷人革命。"

马云出生并成长在中小民营企业蓬勃发展的浙江省，因此对中小企业的生存竞争和发展困境非常了解。

阿里巴巴的电子商务用户和腾讯的通信用户不断增加，促进了他们各自平台上商流、资金流和物流的发展。例如，在资金流中，支付宝账户或微信钱包中会产生资金的积累，阿里巴巴和腾讯以此为纽带，提供相关的各种金融服务，进而与平台内外的服务相链接。

也就是说，阿里巴巴和腾讯两家企业正在利用平台内外的服务取代传统银行的业务功能，这就是"现有金融机构与科技公司之战"构图中出现的金融颠覆。

基于 PEST 分析不断发展的中国商业环境

毫无疑问，拥有阿里巴巴和腾讯两家企业的中国，将对未来金融业产生巨大影响，而这些超级金融颠覆者的出现，与中国本身的特殊环境也是分不开的。

因此，在进行单独分析之前，我们对中国的宏观环境进行了PEST 分析，即从政治、经济、社会和技术的角度剖析它们对国家及产业变化的影响（图 5-1）。

政治因素

在政治因素方面，中国的国家产业政策，特别是强国化和创新政策值得注意。

首先是强国化，其首要政策就是"一带一路"，这是一项从亚洲延伸到非洲和欧洲，从基础设施、金融、技术、制造业、电子商务和贸易等全方位领域构建中国规模经济的重要政策。同时，中国多次颁布"强国"政策，包括制造业强国、汽车强国和世界领先的人工智能强国，试图改变中国在国际秩序中的地位。

其次是在创新方面，"十三五"规划（2016—2020年）制定了创新驱动型经济增长的目标，并通过其他政策设定了新能源、节能、人工智能、数字创新和大数据等由国家战略支持的新兴领域。特别是在中国政府大力推行的人工智能领域中，阿里巴巴和腾讯均入选国家重点扶持企业。

接下来让我们看一看金融政策。2010年6月颁布的《非金融机构支付服务管理办法》（人民银行令〔2010〕第2号）显示，支付宝和腾讯等非金融机构提供支付服务时，必须具备提供最低限额的注册资本、出资人和反洗钱措施等一系列条件，并获得"支付业务许可证"。

2018年3月，《中国人民银行公告〔2018〕第7号》规定，境外机构进入中国电子支付市场提供服务时，应当在中国境内设立外商投资企业，取得"支付业务许可证"，并在独立完成支付业务系统、风险系统齐全以及个人信息处理妥当的条件下，适当放宽对境外机构的进入规定。这将建立一个完善的管理监督体制，平等地对待国内外资本，促使中国飞速发展的电子支付市场朝更健全的方向进化。

表 5-1 中国的 PEST 分析

	中国整体	与金融的相关性
政治 (P)	* 国家产业政策——强国化和创新战略 * "一带一路" * "十三五规划" * 受托执行国家建设方针政策的企业	* 金融政策——放宽对外资的限制，建立电子支付市场的监管体制 * 金融行政改革——加强中国人民银行的权限和功能 * 加强对金融证券化的监管
经济 (E)	* 中国制造 2025 * 产业的智能化 * 互联网与各个产业的融合 * 创造新产业、新服务 * 减少农村贫困人口 * 共享经济	* 2013 年利率自由化——现有银行的盈利能力下滑 * 放宽对金融整体的管制 * 2015 年促进互联网金融健康发展的指导原则 * 传统金融机构向金融科技银行转型
社会 (S)	* 提高生活水平，提升国民素质，强化国家治理体系 * 价值观的多元化，便利性和合理性 * 数字原生代 * 智能手机，社交网络	* 智能手机 * 社交网络 * 移动端支付 * 无现金 * 无人化·自动化 * 共享
技术 (T)	* AI+ 大数据，云，神经网络，计算，机器学习及深度学习，5G，机器人技术，自动驾驶	* AI * 人脸认证，生物认证，感应 * 金融科技（广义·狭义） * 区块链 * 无人化·自动化

　　同时，为了响应互联网金融的快速发展，面对金融业中合作的必要性以及竞争的白热化，中国实施了金融管理改革。在新的管理系统

中，中国人民银行集中承担起草重要法律法规等职能。

另外，证券化相关的金融法规也得到了强化。例如，2017 年 12 月，中国人民银行宣布，要求小额融资业者有义务将资产抵押证券（ABS）募集的资金纳入其资产负债表。一般情况下，金融机构通过证券化募集的小额资金不必计入资产负债表，这样可以将贷款权益比率控制在较低水平。据说消费者金融巨头蚂蚁金服等线上小额融资业者由于净资本较低，所以拥有大量小额贷款和 ABS 发行规模。

但是，在中国如果禁止 ABS 的表外化业务（Off-balance Sheet Activities），那么发行 ABS 的好处将会减少。实际上，在上述法规出台之后，蚂蚁金服等小额融资业者已经开始谨慎对待 ABS 融资。

此外，中国人民银行于 2018 年 6 月发布了《关于支付机构客户备付金全部集中交存有关事宜的通知》（银办发〔2018〕114 号）。该管理规定要求支付宝和微信支付等不通过中央银行提供支付服务的支付机构，必须将用户账户存款金额的 100% 同额存入中央人民银行作为储备金。尽管这项措施对保护用户有利，但这也意味着支付宝和腾讯在业务开展上会受到影响。

经济因素

接下来，让我们看一下经济因素。

中国已经基本实现小康社会的建设，"十三五"规划指出，到 2020 年将全面建成小康社会，达成这一目标的关键就在于经济增长。为了实现到 2020 年 GDP 和国民收入比 2010 年翻一番的目标，中国将年均经济增长（率）目标定为 6.5%。要完成这一目标，需要解决的重要课题包括，通过农业现代化减少农村贫困人口，工业化和信息化的融合发展以及创造新的产业和业务形式。"互联网 +""中国制造2025"和"大数据发展指南"等独立政策也在不断促使产业智能化、互联网与制造业及其他产业的融合。

而且，中国也在推进共享经济的发展，以提高商品和服务的利用率、资源管理效率及整体经济的生产率。共享出行的滴滴等创新型企业已经出现，有数据显示中国共享经济市场的规模已超过 3 兆人民币。

特别是在金融领域，2013 年推行的利率自由化对市场产生了巨大的影响。这一政策加剧了银行间的竞争，缩小了存贷款利率差并降低了银行的盈利能力。自利率自由化以来，四大国有银行的净利润下降，增长速度放缓，而租金和人工成本不断增加，实体分店的运营成本也在上升，再加上宽松的金融管制，导致银行的盈利空间不断缩小。

在这种情况下，银行采取的措施是扩大数字化渠道或转型为"金融科技银行"。2017 年，金融颠覆者与传统金融机构之间宣布达成战略联盟协议，比如隶属于阿里巴巴的蚂蚁金服和中国建设银行，腾讯和中国银行都签订了协议。这项协议是以 2015 年 7 月发布的《关于促进互联网金融健康发展的指导意见》（中国人民银行、工信部、公安部、财政部等部门联合发布）为依据的。该指导意见规范了互联网金融市场，包括互联网支付、网络借贷、互联网消费金融、基金销售、互联网保险和信用信息，鼓励传统金融机构利用互联网金融进行改革。

社会因素

社会因素又如何呢？在此我想指出的是，中国社会正在发生质变。人民的生活水平、国民素质、生态环境和国家治理已被列入"十三五"规划的目标项目中。据统计，拥有多元价值观的"80 后"已成为社会建设的主力军，他们是使用智能手机和 SNS 的数字原生代。随着在线和离线合并（OMO）业务的迅速普及，他们自然而然地使用移动支付来追求便利和效率。最近，智能手机的发展新趋势开始在中国出现，这也将成为智能化扩展的助推器。

技术因素

最后一个是技术因素，包括 AI+ 大数据、物联网、云、神经网络和计算、机器学习和深度学习、4G 到 5G、机器人自动化（RPA）和自动驾驶等。面部识别、生物特征识别和感应技术的进化，让无须智能手机的支付成为可能，并促进了无人收银便利店的扩张。政府推动的诸如 AI 等方面的技术政策已经在政治因素那里介绍过，在此不再赘述。

广义上金融科技可分为四个领域，即基础设施服务、平台、融资和资产管理。

基础设施服务包括支付宝和微信支付等支付体系，以保障大数据、云和网络的安全性。

　　平台是指诸如阿里巴巴电子商务网站和腾讯通信应用程序之类的门户（Portal），还包括接受在线银行个人账户的存款，诸如支付宝账户和微信钱包之类的具备存储资金的服务。

　　融资包括 P2P 贷款、众筹和小额贷款，也包括消费者金融和房地产金融。

　　资产管理包括基金、货币市场共同基金（MMF）、证券、保险、信托和衍生工具。

　　从狭义的技术层面上看，金融科技还包括与区块链和虚拟货币相关的技术、人工智能、认证技术等。在中国，每个行业都有很多参与者，但由于中国加强了对金融科技的监管规定，比如上述禁止 ABS 表外融资的法规等，导致有些行业不得不退出市场。

　　以上就是阿里巴巴和腾讯所处的中国大环境。以建成小康社会为目标，拥有巨大的消费市场、赶超发达国家的跨越式创新技术以及"国家统制型"的特色政治背景，再加上经济需求和社会变化的相互作用，共同形成了中国今天的商业环境。

第 6 章

阿里巴巴：以构筑世界第五大经济体为目标

在世界银行的官方网站上，有一个"普惠金融"的概念，是指个人或企业通过值得信赖的方式可以获取方便且适合的金融服务，以满足自己的交易、支付、储蓄、信贷和保险等需求。根据这个定义，阿里巴巴和腾讯两家公司便是致力于满足人们生活中的金融需求，并使用技术来解决这些需求，可谓是通过技术实现惠普金融的公司。

首先让我们看一看阿里巴巴的业务概况。

阿里巴巴是其前董事长马云于1999年创办的一家互联网公司。该公司的使命是利用社会基础设施解决社会问题，愿景是构筑仅次于美国、中国、欧洲和日本的世界第五大经济体，战略目标是到2036年实现为全球20亿消费者提供服务，使1,000万家公司在阿里巴巴平台上创收。

阿里巴巴总部位于杭州，截止到2018年3月，约有66,000名员工。该公司于2014年在纽约证券交易所上市，2019年3月11日公布的市值高达4,676亿美元，入围全球前十强企业。据年报显示，2018财年（2017年4月1日至2018年3月31日）阿里巴巴的全年营收实现398亿美元，净利润达到110亿美元。2017财年的全年营收和净利润分别为229亿美元和69亿美元，两者均呈现出强劲的增长。

涵盖所有生活服务的业务开展

如图 6-1 所示，阿里巴巴集团的业务涵盖 7 个业务领域，它们分别是核心商务、当地服务、数字媒体和娱乐、云计算、营销服务、物流、支付以及金融服务，这个巨大的平台几乎网罗了所有的生活服务。

核心商务是指电子商务网站的运营，这是阿里巴巴的根基，涵盖了 B2C 模式的"天猫"和 C2C 模式的"淘宝"等国内零售业务，B2B 模式的"Alibaba.com"等国内批发和供应链平台的"零售通"业务，以及"天猫国际""Ali Express 速卖通"和"Lazada"等国际电子商务服务。

当地服务包括供应生鲜食品的超市"盒马鲜生"（阿里巴巴在 2019 年 1 月 30 日的新闻稿中宣布将其英文表示法从"Hema"改为"Freshippo"），提供饮食评价服务的"口碑"，送餐服务"饿了么"，导航地图服务"高德地图"等。数字媒体和娱乐包括视频服务平台优酷和土豆。

云计算由中国最大的云服务供应商阿里云提供，阿里云支持以支付宝为首的阿里相关所有服务内容。

在营销服务中，数据管理平台"全域营销（Unimarketing）"和"阿里妈妈"为天猫等提供大数据的存储和分析功能。

在物流业务中，"菜鸟物流"负责整个阿里巴巴集团的战略物流，目标是在中国所有区域实现 24 小时之内，在全球范围实现 72 小时之内的及时送达。

数字媒体 & 娱乐	核心商务	本地服务
优酷 （视频发布平台） 土豆 （视频发布平台） 阿里巴巴影业 （电影投资、制作、发行、票房） 阿里巴巴游戏 （游戏开发与发行） 阿里体育 （电子竞技） 大麦 （娱乐票务服务平台） UC 浏览器、微博 SNS、中国版推特 UC 新闻	阿里巴巴 淘宝 天猫 天猫国际 阿里速卖通 Alibaba.com 聚划算 来赞达 （以上均为电子商务） 农村淘宝 （地区活性化业务）	飞猪 （旅游产品销售平台） 盒马 （超市） 口碑 （生活方式商务服务） 饿了么 （饮食外卖） 高德地图 （位置信息服务） 淘票票

支付与金融服务	蚂蚁金服、支付宝
物流	菜鸟
营销服务 & 数据管理平台	全域营销、阿里妈妈
云计算	阿里云

图 6-1 阿里巴巴的业务结构

注：上述信息均来自阿里巴巴集团官方网站。

"蚂蚁金服"承担阿里巴巴集团的支付和金融服务，提供支付宝结算等服务。

从利润结构分布来看（图6-2），阿里巴巴的核心商务占2018财年全年营收的86%，可以说阿里巴巴仍然是一家电子商务公司。但是，在2015年至2018年之间，数字媒体和娱乐的营收年均增长率接近200%。同时，云计算收入也以年均170%以上的速度增长，在全球市场份额中排名第5，仅次于亚马逊、微软、IBM和谷歌。随着新零售战略的不断进化，菜鸟的战略性也不断增强。此外，拥有"AI+大数据"的全域营销和阿里妈妈的潜力也是显而易见的。总而言之，阿里巴巴正在整合构建利用整个平台营收的体制。

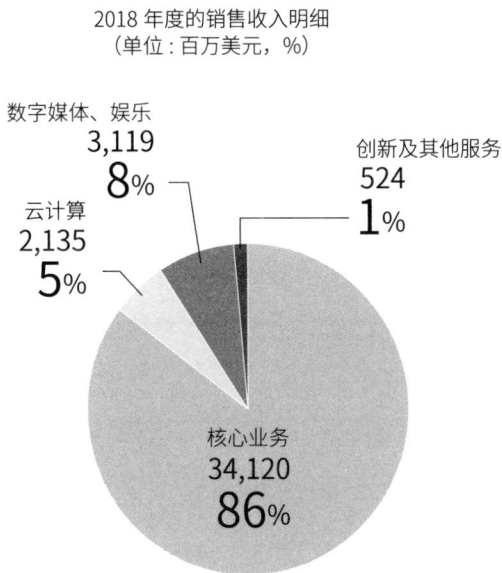

2018年度的销售收入明细
（单位：百万美元，%）

数字媒体、娱乐
3,119
8%

创新及其他服务
524
1%

云计算
2,135
5%

核心业务
34,120
86%

图6-2 阿里巴巴的收入结构

与亚马逊抗衡的后台服务

如果将核心商务、当地服务以及数字媒体和娱乐业务比作个人和中小企业的"前院"的话，那么阿里云、全域营销、阿里妈妈、菜鸟和蚂蚁金服将是支持它们的"后院"。

值得注意的是，"后院"不仅仅是用来支撑"前院"的。菜鸟本身就在利用最先进的技术，构建并运行由国内外快递公司共同组成的物流生态系统。如下所述，蚂蚁金服是垂直整合阿里巴巴集团金融业务的主要实体。而阿里云和全域营销、阿里妈妈一起，为加入阿里巴巴的各行业公司提供云计算和"AI+ 大数据"的相关服务，与云服务方面拥有最大市场份额的亚马逊云服务形成对抗。

阿里巴巴还在 2016 年 10 月提出了"新零售"概念。这一新词出现在 2018 年的年度报告中，即通过技术创新实现"线上线下一体化"，"让客户能够随时随地享受到完整的无缝体验"。换句话说，阿里巴巴的新零售通过"线上 + 线下 + 物流 + 技术"来最大化客户体验，生鲜超市盒马鲜生和大润发被认为是其核心所在。追求客户体验的关键在于能否"与客户建立持续且良好的关系"，在亚马逊之前倡导新零售，表明了阿里巴巴在这方面的领导地位。

担任盈利核心的蚂蚁金服

让我们深入探究一下阿里巴巴的金融业务。

蚂蚁金服提供的结算、融资、资产管理和信用评分等金融服务，支撑着阿里巴巴的所有生活服务基础。从让用户可以更加舒适便捷地生活这点来说，蚂蚁金服一定是处于阿里巴巴盈利的核心位置。

蚂蚁金服最初只是一个部门，负责阿里巴巴的结算业务，最初挂靠于 2004 年成立的支付宝（阿里巴巴的子公司）。由于中国人民银行对外资限制的规定，接受日本软银等外企出资的阿里巴巴在 2011 年出售了支付宝的全部股份，将支付宝的业务彻底剥离。之后，支付宝的所有权被转移到马云等人于 2011 年新成立的浙江阿里巴巴商务有限公司之中，而该公司属于 100% 内资控股。2014 年 10 月，公司更名为蚂蚁金服，并一直延续到今天。2011 年 5 月，支付宝根据《非金融机构支付服务管理办法》取得了中国人民银行颁发的"支付业务许可证"。

阿里巴巴和蚂蚁金服之间的关系有点复杂，因此我想再做一些补充。自从 2011 年蚂蚁金服成立以来，阿里巴巴一直不是其直接股东。基于 2014 年的协议内容，阿里巴巴拿到了接受蚂蚁金服支付息税前利润（EBIT）37.5% 的利润分配计划。然而，在 2018 年 2 月，阿里巴巴突然宣布将以接受新股发行的方式收购蚂蚁金服 33% 的股份，并同步终止其原来的利润分配计划。这样一来，蚂蚁金服实际上就又变回负责阿里巴巴集团金融业务的子公司。

"通过技术实现普惠金融"的意愿

蚂蚁金服还没上市，因此不能披露其收入结构或合并范围，但据路透社 2018 年 4 月 18 日的报道，2017 年蚂蚁金服的全年营收已达 89 亿美元，税前利润更达到 21 亿美元，可以说是中国著名的独角兽公司。在阿里巴巴整体的营收与净利润中，蚂蚁金服大约占 1/5 左右，而且其中的 55% 来源于支付宝。

根据官网显示，蚂蚁金服是一家向世界提供包容性金融服务的"科技金融"公司。是的，不是大家熟悉的"金融科技"公司，而是用"科技金融"公司替代了。我认为这反映了"通过技术实现金融包容性"与"满足用户的金融需求"的强烈意愿，而不是利用金融服务和金融科技本身来盈利。

"蚂蚁金服的努力只为达成一个目标，那就是构建面向未来的数字金融生态系统，并利用科学技术为世界提供更多更平等的机会。"

通过技术创新建立开放式信用体系和金融平台，并为传统金融机构无法提供服务的个人、中小企业和小微企业提供安全、便捷以及普惠的金融服务，这就是蚂蚁金服。

一切始于"支付宝"

蚂蚁金服建立了金融服务生态系统，其中包括用于结算的支付宝、用于资产管理的蚂蚁财富、用于信用评分的芝麻信用以及在线银行网商银行，让我们逐一探究。

第一个是支付宝，据称它占了蚂蚁金服总营收的 55%，也是生态系统的起点。支付宝作为一种支付手段，已经席卷全国，可用于各种生活服务，比如天猫购物中心和淘宝网等阿里巴巴的电子商务站点，盒马和大润发等阿里巴巴的新零售商店，第三方实体店或电子商务站点的购物，用电和天然气等生活缴费，出租车、公交车、地铁和飞机等交通支出，以及餐厅、主题公园和电影院等饮食和娱乐的消费支出，主要功能是通过安装在智能手机上的支付宝应用程序进行二维码支付。

二维码付款有两种方式，一种是用户将显示在自己应用程序屏幕上的付款码展示给店员，然后店员用读取器对其进行读取付款；另一种是使用应用程序屏幕上的扫描功能来读取店家摆放在收银台上的收款码进行支付。基本上大部分用户都是通过这些二维码来进行付款的。

原则上，用户不用支付任何手续费。如果用户持有智能手机，那么只需下载安装支付宝应用程序并与用户的银行账户绑定即可使用。对于引入支付宝付款的商家，支付宝也只收取较低的手续费。不论是对于用户还是商家，它都是一种有吸引力的工具，这也是二维码支付在中国可以迅速普及的主要原因。

所有服务的入口

支付宝结算还带有托管功能。托管是保证交易安全的中介，在用户和商家彼此看不见对方的在线交易中，支付宝保障了交易的安全性。购买商品的用户利用支付宝付款，同时付款金额将存入支付宝平台。然后支付宝平台将用户的付款信息通知卖方，卖方收到付款信息后给买家发货。买家收到货后检查货物内容，确认无误的话，支付宝才会把存入支付宝平台的付款金额转给卖方。如果商品有问题，支付宝将对买卖双方之间产生的问题进行协调，最终退款给买家。在中国市场，阿里巴巴崛起的背后离不开托管提供的安全保障。

支付宝不仅提供支付服务，还提供其他服务。

请允许我按照支付宝应用程序的界面显示进行解释。最上面一栏的"扫一扫"和"付钱"用来进行二维码支付，"收钱"提供拆分的计费功能，"卡包"提供打折和优惠等折扣服务。此外，支付宝还提供"转账"、"充值中心"、用于小额投资的"余额宝"、评分机制"芝麻信用"、用于小额贷款的"网商银行"以及保险服务"蚂蚁保险"等。除上述这些，支付宝还内置了第三方服务，例如提前预订餐厅、支付、点外卖、购买电影票、预订航班和酒店等生活服务。

当然，用户也可以从支付宝界面跳转访问阿里巴巴的天猫和淘宝商城，网站上的所有购物都是通过支付宝来完成支付的。支付宝以支付切入，为阿里巴巴的生活服务、金融服务乃至第三方服务提供了门户功能，并且界面设置一目了然，方便实用。

一站式资产管理服务——"蚂蚁财富"

蚂蚁财富是阿里巴巴在 2015 年 8 月推出的，针对用户的股票、基金、黄金和定期合约等资产提供一站式管理的金融服务。

其代表产品是"余额宝"，该产品从 2013 年开始提供服务，由蚂蚁金服控股的天弘基金管理运行。余额宝可以从支付宝应用程序中进入访问，并与支付宝账户相链接。

余额宝本身就是一种共同基金，但点击"余额宝"会发现其"访达"目的地还包括其他公司的共同基金。从这个意义上说，余额宝就是蚂蚁金服的资产管理门户。

余额宝的特点是，即使投入最低1元人民币的投资金额，也可获得高于存款利率的收益，并用作支付宝结算，还可在当天取款而不产生解约罚金。换句话说，它是一款具有高流动性和便利性的金融产品，截止到2017年第三季度，余额宝的托管资产已高达15,600亿元（约254,000亿日元），占中国共同基金市场总额的23％以上。

自2017年以来，中国银监会加强了对余额宝的监管力度，限制了余额宝账户中可存入和取出的金额，以及每日存取限额。此外，有报道称，中国银监会还在考虑限制当天的提款，这样一来用户使用余额宝的便利性肯定会大打折扣。但是毋庸置疑的是，余额宝有效地利用了大家支付宝账户中的剩余资金。

销售其他公司金融产品的平台

2017年6月，阿里巴巴推出了面向第三方金融机构的交易平台"财富号"，这是一项与余额宝一样备受关注的金融服务。

通过财富号，蚂蚁财富的用户不仅可以从蚂蚁金服购买金融产品，而且可以购买第三方提供的保险和定期存款等金融产品。就第三方金融机构而言，他们可以利用财富号平台扩大产品的销售渠道，节约促销费用。而对阿里巴巴和蚂蚁金服而言，可以扩大产品阵容，增加用户选择，以提高用户的便利性。

如此一来，第三方都将汇聚在阿里巴巴的大平台上，最终会产生正向的协同效应，即用户数量增加，平台累积来自商流、资金流和物流的大数据，并利用这些大数据强化自身。

面向个人或企业的信用评分机制——"芝麻信用"

阿里巴巴于 2015 年 1 月推出了芝麻信用，这是一项基于 AI 和云计算来分析个人或中小企业在阿里巴巴和蚂蚁金服上累积的大数据，并对个人或企业的信用进行单独评分的服务。芝麻信用是一种新的信用系统，与需要存款或查看还款历史来获取信用的传统信用体系不同。

创造"新的借贷经济"

芝麻信用的官网声称，芝麻信用弥补了在"新的借贷经济"中产生的信用缺口，消除了商业交易中常有的押金等客户费用和商家风险，使他们的交易建立在信用的基础上。这里的"新的借贷经济"也可叫作共享经济，2018 年他们的目标是允许用户通过信用积分免除1000 亿元的押金支付。

在芝麻信用官网上，个人信用评分有 5 个标准，即信用历史、行为偏好、履约能力、身份特质和人脉关系。信用历史包括交易和还款的历史记录，行为偏好包括使用购物和金融服务的历史记录和倾向，履约能力是指用户的稳定收入源以及资产持有状况，身份特质包括用户的学历和职业等基本信息，人脉关系包括人脉及信誉度等信息。

　　阿里巴巴利用用户在电子商务网站上的购物和支付宝结算来积累数据，并通过 AI 和云计算分析这些数据，进而得出用户的信用评分。在信用评分等级中，"最优信用"等级的分值为 700—950，"优秀信用"等级的分值为 650—699，"良好信用"等级的分值为 600—649，"普通信用"等级的分值为 550—599，350—549 之间的分值被认为是"信用欠佳"。和资产管理的余额宝一样，这些信用分数可以通过支付宝应用程序进行访问、登录和查询。

"利于找工作"，"利于找对象"

　　芝麻信用的评分不仅可以被用作消费者贷款时的个人授信度和无抵押贷款的证明，还可以被用于汽车租赁、酒店预订、房屋租赁、签证申请和公共设施的使用等各种服务，我觉得芝麻信用已经成为中国社会的基础设施。令人惊讶的是，它还有许多无形的好处，比如有利于"找工作"和"找对象"。

　　芝麻信用也是一种有益于商家的机制。该机制设定了多方面的标准，鼓励用户在日常生活的各个方面诚信守约，以提高其信用评分，这使商家能够以较低的成本吸引更加优质的客户。针对一些想要通过改善自己的信用记录和行为偏好来提高自身信用评分的低信用客户，阿里巴巴还推出了适合他们的营销和销售计划，以及产品和服务。

　　不过，芝麻信用的官网也指出，此信用评分是以商业交易为基础，不应与衡量社会信用的机制相混淆。但是在中国，每天都有炫耀或夸耀自己芝麻信用评分的场景，这也不足为奇。芝麻信用的分值越高，在中国社交的便利性也就越高。

无论如何，信用评分的提高将成为一种诱因，以鼓励用户进一步使用阿里巴巴提供的生活服务，这也将促使阿里巴巴能进一步积累商流、资金流和物流的大数据。很显然，芝麻信用是强化阿里巴巴平台的绝佳工具。

支援中小企业的"网商银行"

于 2015 年 6 月成立的网商银行（MYbank），是一家以实现普惠金融为使命，支持中小企业业务活动的在线银行。该银行的主要业务是为使用阿里巴巴电子商务网站（例如天猫和淘宝）的中小企业和个人提供零售和小额贷款。

小额贷款对象包括长途卡车司机、摊贩和经营网店的商家等，主要面向那些为了当天工作需要借入资金，并能够用当日的津贴或营收进行偿还的客户。具体来说，它提供的是针对中小企业和个人业主的"网商贷"，面向农民的"旺农贷"以及共同基金"余利宝"。根据网商银行网站显示，截至 2018 年 6 月，使用网商银行的中小企业已增至 1,042 万家，融资总额累计 1.88 亿元。此外，用户可以从支付宝应用程序中访问"网商银行"。

申请需要"3分钟"，审批仅需"1秒"

据该公司的网站显示，"网商贷"在线申请需要3分钟，贷款与否的判断仅需1秒钟，并且可以实现无抵押1元贷款。这种速度感和借贷的轻松感完全满足了小微企业的资金需求。

与芝麻信用一样，人工智能将根据阿里巴巴和蚂蚁金服积累的大数据进行审核。每日利率因信用额度而变化，信用额度越高，利率越低，融资成本也越低。

有趣的是，除了评估信用之外，申请人对资金需求的背景和原因也是审核资料之一。申请理由有"因为我们家分支机构十分有人气，所以我想增加员工数量，并开展促销活动"；"无法回收赊销货款，所以手头需要现金"，等等。人工智能可以通过大数据来判断真伪，而且还可以通过大数据验证借贷理由。这些也正是金融科技公司与传统金融机构之间的本质区别。

独创的保险产品——"相互保"

最后，让我们简要地聊一下蚂蚁金服的保险业务。2018年10月，蚂蚁保险开始受理名为"相互保"的重大疾病保险业务，这是与信美人寿相互保险社共同开发的一款保险产品。加入相互保的条件是，用户已注册并成为阿里巴巴的电子商务会员，芝麻信用积分达到一定分值以上。当然，保险费用的支付通过支付宝完成。

按道理来讲，传统的相互救济保险服务理念，应该和围绕个人生活服务的平台彼此兼容，所以相互保被认为是使用大数据、人工智能和区块链等新技术实现相互救济的机制。顺便说一下，蚂蚁金服是信美人寿相互保险社和国泰保险的母公司，并与中国平安保险和腾讯等共同创立了在线保险公司——"众安保险"。

理解蚂蚁金服的两个关键点

从金融颠覆者的角度看待蚂蚁金服时，我想再强调两点：首先，蚂蚁金服利用技术和大数据已经在为用户提供传统金融机构应有的金融服务，例如支付、资产管理、信用评分和小额信贷等；其次，蚂蚁金服在阿里巴巴集团内部垂直整合了金融。

复制现有金融服务

正如我们反复指出的那样，在新一代金融行业中，金融可以模拟复制。现有金融机构已经不能继续垄断存款、贷款、汇兑这三大主要业务了。

基于自身特有的技术以及阿里巴巴集团积累的商流、资金流和物流的大数据，蚂蚁金服已经在提供金融中介和结算等业务功能。具体来说，支付宝提供了一种支付体系，支付宝账户中的闲置资金通过余额宝等方式以高回报率被运作，小额融资由网商银行提供给个人、中小企业和小微企业。蚂蚁金服旗下的"花呗"和"借呗"为用户提供消费者信贷服务，但是这些借贷方式因为过于简单的手续受到了大家的挪揄。

芝麻信用的信用评分被用于授信和无抵押贷款。尽管金融当局加强了对证券化融资的监管力度，但是网商银行的小额贷款还是可以通过发行资产抵押证券（ABS）与蚂蚁金服进行资金周转。

综合来看，我们可以发现蚂蚁金服以支付宝为切入点，模拟开展银行业务。但这还不是全部。阿里巴巴除了提供现有的金融服务和金融产品外，还在基于积累的大数据，积极开发用户专属的新金融服务与产品，以满足用户的生活和金融需求。

毫无疑问，蚂蚁金服所提供服务的客户体验值得赞赏，这一点是现有金融机构不具备的优势。

云、支付宝和芝麻信用的层叠构造

蚂蚁金服已经垂直整合了阿里巴巴集团的金融服务。图 6-3 显示了阿里巴巴集团的业务模型、金融平台支付宝和信用平台芝麻信用之间的层叠结构。

构成阿里巴巴集团所有服务地基的是云计算服务——阿里云。支付宝位于其上一层，在这里，我们将狭义上的支付宝定义为支付体系，将广义上的支付宝视作金融平台。狭义上的支付宝是指面向个人的金融服务，例如二维码收付；而广义上的支付宝作为阿里巴巴平台的入口，承担了蚂蚁金服内外的金融服务以及阿里巴巴内外的生活服务的门户功能。只要安装了支付宝应用程序，就能一站式地提高用户生活的便利性，这样看支付宝的确是一个金融平台。

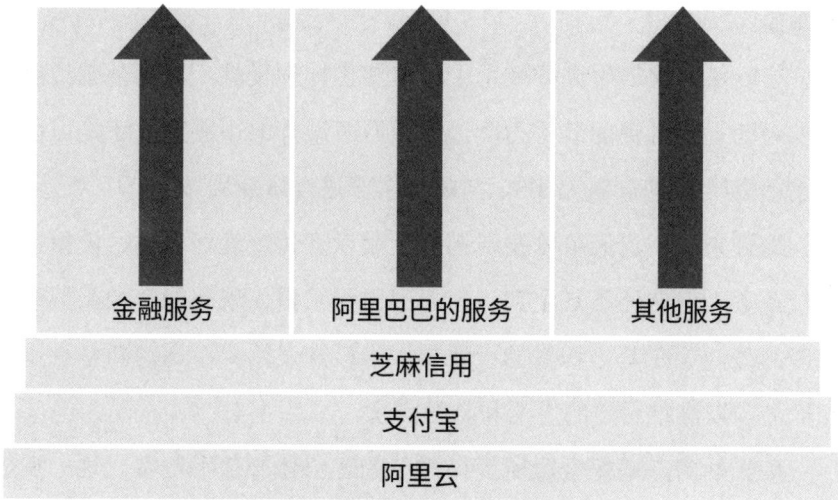

图 6-3　阿里巴巴的商业模式与金融业务的关系

芝麻信用位于支付宝的上一层。芝麻信用的信用评分是基于支付宝结算等阿里巴巴的生活服务平台上产生的商流、资金流和物流而得出的，可以用来支持阿里巴巴集团内外部的生活服务以及蚂蚁金服内外部的金融服务。这些数据还可以在芝麻信用上被存储和分析，进而完善信用评分体系。芝麻信用的分值高，用户就可以在更加优越的条件下，以更加舒适的方式享受金融和生活服务。作为信用平台，芝麻信用还负责改善阿里巴巴生活服务平台的质量。

刺激"我想用"的机制

在芝麻信用上方，有一系列使用支付宝作为客户接触点的服务。

这些服务包括蚂蚁金服的结算和小额贷款等金融服务、阿里巴巴的电子商务和数字内容等生活服务以及由第三方提供的包括公共服务在内的各种生活服务。

因此，阿里巴巴集团已经垂直整合了包括第三方在内的金融业务。这样可以积累与商流、资金流和物流相关的大数据，加强金融平台支付宝和信用平台芝麻信用的建设，反过来也强化了阿里巴巴的生活服务平台，最终建立了一个良性循环。

阿里巴巴对客户体验的追求永无止境，重点不仅在于扩展技术和服务菜单，还在于重视客户体验的价值。

金融颠覆者对传统金融机构形成威胁的原因之一是获取新客户的低成本。阿里巴巴平台上布满了各种应用来刺激用户和商家"我想用"，最典型的代表是支付宝和芝麻信用。

如上所述，以"到2036年为全球20亿消费者提供服务"和"到2036年使1,000万家公司在阿里巴巴平台上创收"为战略目标的阿里巴巴正在努力建设世界第五大经济体。毫不夸张地说，成败的关键就握在蚂蚁金服的手里。

第 7 章

腾讯：从社交、游戏到金融业务的展开

如果阿里巴巴的根基是电子商务网站，那么腾讯的根基就是社交网络服务（SNS）。

腾讯是由现任董事长兼首席执行官马化腾等人于 1998 年创立的互联网公司，总部位于深圳，截至 2017 年 12 月末，大约有 44,000 名员工。腾讯于 2004 年在香港证券交易所上市，截至 2019 年 3 月 11 日，总市值约为 4,300 亿美元。据年报显示，2017 财年（2017 年 1 月 1 日至 12 月 31 日）腾讯实现了全年营收 2,377 亿元，其中净利润 724 亿元。而上一年度的全年营收和净利润则分别为 1,519 亿元和 414 亿元。和阿里巴巴一样，腾讯的这两个指标均表现出强劲的增长势头。

腾讯的使命和愿景分别是"利用互联网的增值服务提高大家的生活品质"和"成为最受尊敬的互联网企业"。

腾讯的业务主要是社交应用程序和线上游戏。

社交应用程序包括即时通信的"QQ"软件，社交网络服务的"QQ 空间"和通话通信的"微信"应用程序等。根据 2018 年第二季度报告显示，QQ、QQ 空间以及微信的月活跃用户数分别为 8.03 亿、5.48 亿和 10.57 亿。在月活跃用户数方面，微信仅次于脸书、瓦次普聊天软件（WhatsApp）和脸书桌面聊天软件（Facebook Messenger）。

腾讯的线上游戏业务除了开发并销售在线游戏以外，还包括运营全球最大的线上游戏社区。腾讯于 2015 年推出的王者荣耀（Honor of Kings），数据显示已有超过 1 亿次以上的下载量。不过其受到大家喜爱的同时，也引发了游戏成瘾等社会问题。

此外，腾讯还在开展数字内容业务，例如动画平台"腾讯漫画"、电影制作"腾讯影业"和在线音乐平台"腾讯音乐"；媒体内容业务，例如腾讯网和腾讯新闻；支付相关业务，例如云业务和 AI 业务。其中的腾讯音乐于 2018 年 12 月在纽约证券交易所上市。

维持高增长的 6 个重点领域

腾讯的收入结构可以分为 3 个部分（图 7-1）。从 2017 财年的收入分布来看，腾讯收入首先来源于在线游戏和数字内容的付费服务和付费合同（称为增值服务），它们可以占到总收入的 65%。在线广告收入占总收入的 17%，支付相关业务、云业务等其他收入占总收入的 18%。值得注意的是，尽管在广告商务模式中腾讯提供了强大的免费社交，但增值服务的收入实际上是在线广告收入的 3 倍以上。与上一年相比，增值服务带来的收入增长了约 43%，在线广告带来的收入增长了约 50%，来自支付相关业务、云业务和其他业务的收入同比增长了 150%，可以看出腾讯"其他业务"带来的高增长。

在 2017 年财报中，腾讯重点介绍了"强化社交平台"战略下的 6 个业务领域，即网络游戏、数字内容和媒体、支付、云、人工智能和智能零售。智能零售是指腾讯计划模仿并希望超越阿里巴巴的新零售模式，拓展实体分支机构的业务。

2017 年度的销售收入明细
（单位：百万美元，%）

其他服务
（支付、云计算等服务）
6,443
18%

在线广告
6,012
17%

增值服务
22,892
65%

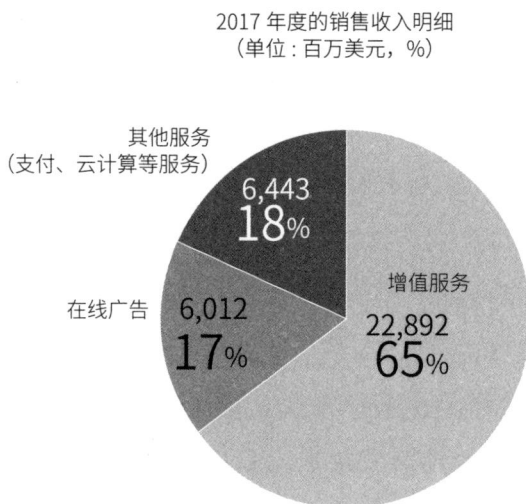

图 7-1　腾讯的收入结构

其中，网络游戏、数字内容和媒体早已经是腾讯业务的支柱。而在支付方面，腾讯将战略性地活用微信支付来强化其金融科技业务。在云业务方面，腾讯紧随亚马逊云服务和阿里云之后，截至 2017 年年底，在全球范围内开放 21 个地理区域，运营 36 个可用区。

在人工智能领域，腾讯的"医学影像 +AI"业务已入选国家重点扶持企业，通过微信提供"微信智慧医院 3.0"，开发"结直肠肿瘤筛查 AI 系统"以及投资大型互联网医疗健康服务平台"微医"。这些都足以看出腾讯在医疗领域的野心和行动。

在智能零售领域，腾讯取得了"永辉超市"的股权，该超市是由仅次于阿里巴巴的第二大电子商务企业"京东"出资运营的一家连锁超市。永辉超市已经推出了小型购物超市"超级物种"，来对抗阿里巴巴的"盒马鲜生"。此外，腾讯还与沃尔玛建立了战略合作伙伴关系。

换句话说，中国的新零售行业是由"盒马鲜生 + 大润发 + 天猫商城 + 零售通"组成的阿里巴巴阵营与"永辉超市 + 超级物种 + 沃尔玛"形成的京东—腾讯阵营之间的对抗。在结算体系方面，不可避免地，支付宝和微信支付已经形成了激烈的竞争局势。

扩展备受瞩目的"小程序"

腾讯于 2017 年 1 月推出了"小程序"。这是在微信应用程序中内置的一款应用程序，即应用程序内的小程序。由于它是一个应用程序，因此可以由第三方开发，像购物、交通、酒店、游戏、生活工具等各种生活服务已经开发出来，并内置在微信应用程序中。它的开发不像苹果之类的操作系统那么麻烦，无须向苹果等公司申请。而且用户也不需要下载或安装新的应用程序。只要是腾讯认可的内置应用程序，微信应用程序均可提供。从这个意义上讲，微信可被看作是像操作系统或基础设施一样的存在。

根据年报显示，截至 2018 年 1 月，微信已经提供了 58 万个小程序。如果微信内置的小程序与智能零售"超级物种"或微信支付绑定的话，微信用户和"超级物种"购物者也将被包含在其中。这样的结果，就是不仅促进了用户的商流、资金流和物流的积累，还强化了腾讯的社交平台。

此外，后发的支付宝也正在其应用程序中内置小程序。阿里巴巴也已经意识到小程序的战略性和重要性，未来其围绕小程序的发展动向将备受瞩目。

ICT 百货商店

接下来我将引用腾讯 2018 财年第三季度的业绩报告内容，来聊一聊腾讯的商业模式，大家可以参照图 7-2。

腾讯的通信与社交平台是个大齿轮，作为原动力驱动着 4 个小齿轮：网络游戏、媒体、金融科技和应用程序。社交业务的增长和发展也带动了其他业务的增长。也就是说，可以进一步添加更小的齿轮，即业务。

这是腾讯的多元化布局，从上文介绍的收入分布结构及其业务模型中也可窥见一二。2018 年，对腾讯的大部分报道涉及其对 IT、支付、视频和音乐内容、零售、网购、物流和行程预约等业务的投资和资本联盟。从腾讯的资产负债表可以看出，对适用股权法的被投资企业和合资企业的投资约占腾讯总资产的 26%。

正如"强化社交平台"的战略那样，腾讯最大的优势就在于其社交平台上约 10.57 亿的用户基础。利用平台上庞大的用户基础，腾讯可以不断地增强自身实力，发展并进一步强化多元化业务。腾讯给人的印象是，它就是一家真正的"ICT 百货商店"。

最大的优势是亲密且频繁的客户接触点

2013 年推出的微信支付，是腾讯金融业务的核心。自推出以来，腾讯快速抢占了支付宝的市场份额，如今，它与支付宝形成了中国支付系统的双璧。

微信支付是在得到中国人民银行颁发的营业执照"支付业务许可证"之后才开展支付服务的，其实该证书最初是腾讯于 2005 年成立的子公司"财付通"获得的，这一点少有人知。因此微信支付的使用条款也都是以"财付通"的名义发布的。

根据 2017 年财报显示，腾讯控股有限公司旗下不仅拥有许多独立控股的合并子公司，还拥有即使没有控制权却具有行使力的关联公司和股权公司。此外，腾讯还与京东签署了战略联盟协议，所以说包括金融在内，腾讯的业务正是通过这些子公司和关联公司全面展开的。

下面我想比较一下腾讯的微信支付功能与阿里巴巴的支付宝。

利用"齿轮理论"，追赶阿里巴巴

微信支付是社交应用程序微信的"钱包"功能之一，为用户提供金融服务。其与支付宝的区别在于，支付宝是一个独立的金融服务应用程序，而微信支付是社交应用程序中的一种功能。

微信是一款社交应用程序，月活跃用户约为 10.57 亿人次。由于每次与朋友或熟人发送消息时都会打开该程序，因此微信使用频率以及与用户的亲密程度都要远高于支付宝。在腾讯的齿轮理论中（图

7-2），作为最大的齿轮，通信和社交发挥着重要的作用。不难想象以通信社交平台为根基的微信支付潜藏着多大的能量，而且也不难理解为何其虽然处于后发的劣势却在不断地靠近支付宝。

接下来，让我们看看微信支付的功能。

微信支付的支付功能和结构与支付宝没有太大的差别。微信支付可被用于所有生活服务中的结算，包括电子商务站点、实体商店、生活缴费和交通。和支付宝一样，微信支付也提供托管服务。由于竞争上的限制，微信支付不能用于天猫商城等阿里巴巴的电子商务网站，但基本上能使用支付宝的商铺，微信支付也都可以使用。

微信支付和支付宝一样，都是在手机端使用二维码支付，也有两种付款方式，一种是通过商店的阅读器读取用户自己智能手机上显示的付款码，另一种是用户使用自己的智能手机扫描商店展示在收银台上的收款码。微信钱包与用户的银行账户之间是关联的，所以用户可以在两个账户之间自由切换转出或转入现金。在给用户与商家带来便利性的同时，微信支付与支付宝展开了激烈的竞争。

不能在日本市场上使用的缘由

最近，在日本可以使用微信支付或支付宝进行扫码支付的商店（如全家便利店等）在不断增加。但是，他们的适用对象仅限于在日本观光的中国游客。目前日本人无法绑定自己日本的银行账户或利用现金充值，也不能使用微信支付和支付宝的扫码付款功能。

在线游戏平台
* 中国的笔记本电脑和智能手机
* 全球在线游戏公司

视频
* 移动 DUA 和订阅

新闻
* 新闻服务组合

音乐
* 音乐服务平台

书籍
* 在线内容库和出版平台

在线游戏

媒体

移动支付

通讯与社交

金融科技

应用

微信
* 智能手机社区
* MAU 数 :10.82 亿

QQ、QQ 空间
* QQ 智能设备 MAU 数 :6.98 亿
* QQ 空间智能设备 MAU 数 :5.31 亿

应用商店
移动安全
移动端浏览器

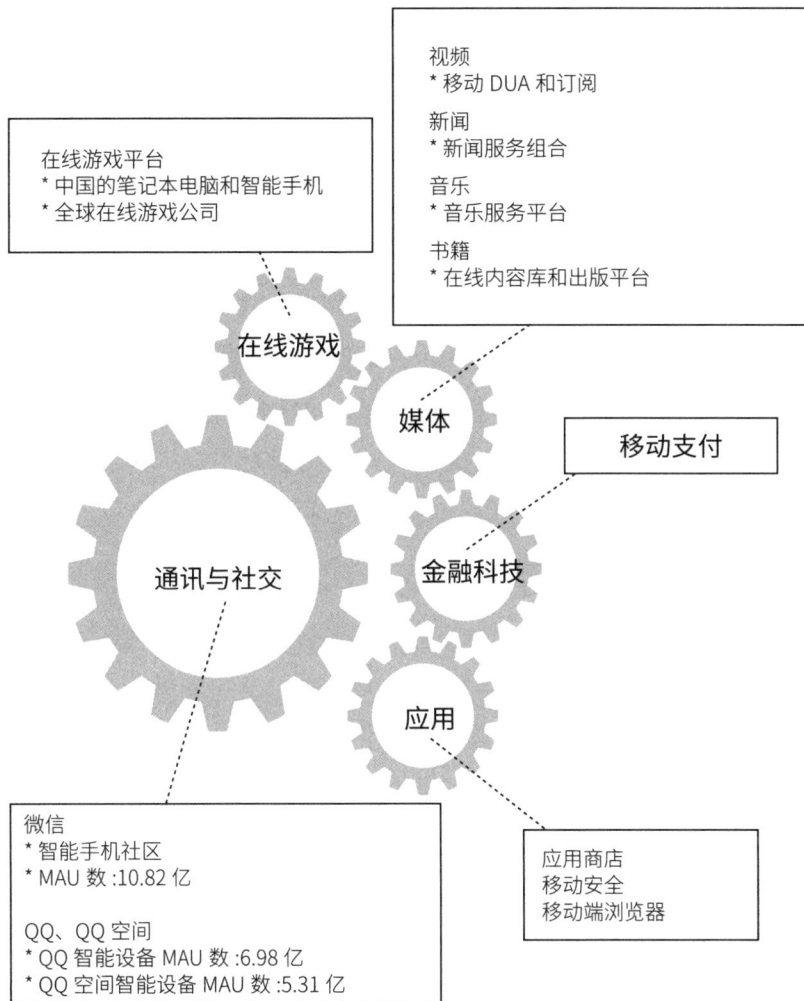

MAU：月活跃用户
DAU：日活跃用户

图 7-2　腾讯的商业模式

注：以上数据信息来源于腾讯 2018 年第三季度业绩报告。

根据 LINE 在 2018 年 11 月 27 日发布的信息显示，微信支付将与 LINE 在日本市场展开合作，并与 LINE Pay 共享二维码；雅虎软银的 PayPay 也宣布与支付宝签署合作协议，但具体计划尚未公布。但最大的问题还是日本人不能在日本市场上直接使用微信支付和支付宝进行扫码付款。

这些说明了什么？日本和中国的市场性质不同，法律制度等监管环境自然也不一样。但是，如果重视"与客户保持持续且良好的关系"的话，微信支付和支付宝都应该希望直接提供二维码付款，在日本市场上与日本人建立直接联系。

提供与支付宝相同的所有功能

除支付功能外，微信支付还包括转账、手机充值、理财通、信用卡还款以及 AA 制付款的"go dutch"等功能。基本上微信支付可以提供与支付宝相同的所有功能。另外，它还可以链接到腾讯或第三方提供的生活服务与金融服务、平台以及公共服务等页面。此外，微信还具有类似发压岁钱的"红包"功能，这项服务为其追赶支付宝做出了巨大贡献。

腾讯以微信支付为契机，捆绑了各种腾讯和第三方提供的服务，支配着用户的整个生活服务。微信支付和 QQ 钱包（在 QQ 上提供的支付服务）为满足用户在日常生活中产生的各种需求提供服务。可以说，为了实现腾讯"提高大家生活品质"的使命，微信支付做出了重大的贡献。

涵盖投资、银行、保险和信用评分

腾讯的金融业务远不止微信支付。同样，与阿里巴巴的金融服务进行比较是一个很好的方法。如果说蚂蚁金服的金融产品是"余额宝"的话，腾讯的就是"零钱通"；阿里巴巴的网上银行是"网商银行"（MYbank），腾讯对应的服务是"微众银行"（WeBank）；阿里巴巴的保险服务名为"相互保"，腾讯的对应服务名为"微保"；阿里巴巴的信用评分名为"芝麻信用"，而腾讯对应的名为"腾讯信用"。

零钱通是 2018 年 11 月腾讯推出的一款具有较高流动性的小额投资产品。用户可以从微信的"钱包"访问它，并且该账户与用户的微信账户绑定在一起。换句话说，用户可以从自己的银行账户和微信的"钱包"中提取资金，同时存入零钱通账户并管理自己的资产。此外，零钱通账户也可以像微信支付那样用于扫码付款、汇款和发"红包"。在投资回报率、存款限额和交易限额方面，我认为腾讯为用户提供的条件比"余额宝"更为优惠。据腾讯 2018 财年第三季度报告显示，腾讯管理的资产总值已超过了 5,000 亿元（约 8.8 万亿日元）。

零钱通就像支付宝的"余额宝"一样，以小额投资的方式有效运营微信支付"钱包"中的零散资金。原本使用免费通话和聊天的微信用户就有使用微信支付的动机，现在具有高流动性和便利性的零钱通进一步强化了这种动机。

微信的小程序和智能零售互相结合，在多元化发展的通信社交平台内促进了商流、资金流和物流的整合。这样一来，与阿里巴巴一样，腾讯的生活服务平台也得到了强化。

微众银行于 2014 年 12 月由腾讯等联合创立，是中国第一家互联网银行，总部位于深圳。其目标客户群与蚂蚁金服网商银行一样，是那些难以从银行获取贷款的个人、中小企业和小微企业。该银行的使命是"让金融普惠大众"，通过大数据的信用评级以及智能手机的脸部识别等高科技的帮助，为用户提供小额贷款。

面向个人的消费贷款有两种类型：消费贷款"微粒贷"和汽车贷款"微车贷"。微粒贷的贷款额度为 500 元—30 万元。用户可以通过腾讯的应用程序微信和 QQ，或者微信专有的微众银行应用程序轻松申请。审核需要 5 秒钟，到账需要 1 分钟。当然，微粒贷与用户的微信账号或 QQ 账户是相互关联的。

此外，腾讯还于 2018 年对总部位于柏林的数字银行 N26 进行了战略性投资。N26 在欧洲拥有超过 230 万客户，并计划 2019 年进军美国市场。

微保是腾讯于 2017 年 11 月推出的面向微信用户的保险代理平台，包括医疗保险、汽车保险和旅行保险。腾讯还投资了互联网保险公司众安保险、和泰人寿及英杰华等保险公司并与之达成了合作协议，从这些也能看出腾讯对互联网保险业务的战略定位。

旨在全面运作，却最终迟到的信用额度

像芝麻信用一样，腾讯信用也会对个人的信用进行评分。分数越高，信誉度也越高。良好的信用评级不仅体现在金融相关服务方面，也会使用户在利用各种生活服务方面获得优惠。腾讯积累了包括来自

通信社交平台微信、QQ 和 QQ 空间的相关数据，微信支付的支付数据，网络游戏和数字内容的相关数据以及从智能零售获得的购买数据和行为偏好数据。腾讯通过 AI 和云计算分析这些大数据，进而得出个人的信用分数。

腾讯在 2015 年获得中国人民银行授权，与阿里巴巴集团的蚂蚁金服一起试行信用评分业务。然而，腾讯信用于 2018 年 1 月末仅仅试行了一天，其服务便全部停止。这是因为，腾讯发现自己的信用评分系统远落后于阿里巴巴的芝麻信用，因为后者早已广泛植根于中国社会。

但微信毕竟拥有约 10.57 亿的月活跃用户，而且还拥有 1.5 亿网络游戏和数字内容的付费用户，因此我们不能否认它的潜力。

腾讯信用在与阿里巴巴的竞争中发挥着重要的作用。它充当着信用平台来优化通信社交平台的质量的同时，也加强通信社交平台的稳固性。信用平台随之一同强化了授信机制。这样，他们就可以通过提供更好的金融和生活服务，来满足用户的需求。

实际上，在 2019 年 1 月于广州举行的微信公开课上，微信支付的信用评分实验已经启动，名为"微信支付分"。腾讯已经虎视眈眈地全面开启信用评分业务。

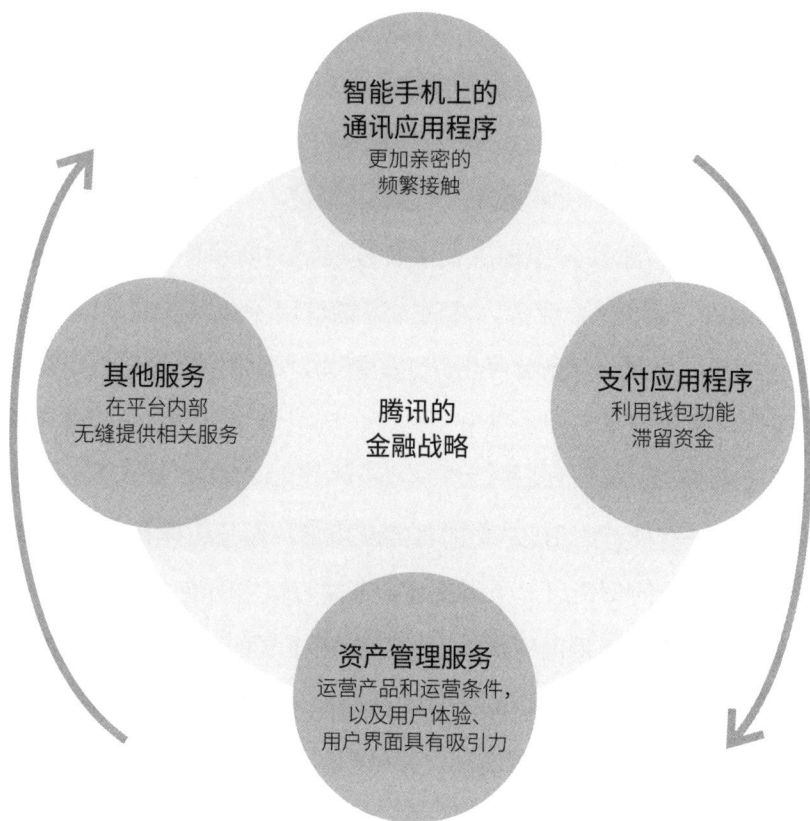

智能手机上的
通讯应用程序
更加亲密的
频繁接触

其他服务
在平台内部
无缝提供相关服务

腾讯的
金融战略

支付应用程序
利用钱包功能
滞留资金

资产管理服务
运营产品和运营条件，
以及用户体验、
用户界面具有吸引力

* SNS 等核心业务的客户接触点

* 积累数据

* "大数据 +AI"

* 大规模定制

* 在核心业务中垂直整合金融

* 作为子目录提供各种服务

* 支付应用程序的钱包功能为银行、证券、保险等业务提供资金来源

图 7-3　腾讯的商业模式与金融业务的关系

扩张平台的良性循环

以上是关于腾讯金融业务的介绍，图 7-3 将会为您显示更多的腾讯金融业务和业务模型之间的关系。

首先是微信支付。作为微信的结算服务，微信支付为用户提供了一种支付系统。在微信"钱包"里的闲置资金，便是银行、证券和保险等腾讯金融服务的资金来源。腾讯的零钱通以较高的投资回报率运作，而微众银行则向个人和中小企业提供小额信贷。由此可见，腾讯提供的卓越客户体验极具吸引力，且满足了用户在金融和生活方面的需求，并在通信社交平台内垂直统合了这些金融业务。

此外，平台内部以无缝方式衔接提供日常生活相关服务，为用户营造了一个更加方便舒适的环境，从而进一步增加微信的活跃用户数量。

很显然，以上这个过程会形成一个良性循环，即通信社交应用程序"微信"→支付系统"微信支付"→资产管理→其他服务。随着该良性循环开始运转，腾讯的平台将变得更加强大，金融服务也在平台基础上得到强化。

腾讯之所以比亚马逊和阿里巴巴更具优势，是因为腾讯与用户之间的互动更加频繁。腾讯提供的免费通信使其比亚马逊和阿里巴巴的电子商务更加接近客户。"与客户保持持续且良好的关系"便是腾讯最大的优势。

腾讯的"强化社交平台"战略就是要发挥这种优势，只要严格执行该策略，落后的腾讯不仅能够享受后发者的好处，可能还会超越新一代金融行业的领先者，即阿里巴巴和亚马逊。

但是，随着 5G 时代的到来，通过视频和 VR 与 AR 创建新的通信社交平台越来越成为可能。如果仍然依赖当前的商业模式，那么现有的业务将被彻底颠覆。腾讯当前平台和业务模式的最大优势就在于"尽管属于后发者，但是通过与客户之间的频繁互动，一定可以后来者居上"，这也是我对腾讯的兴趣倍增的最大原因。

中美分裂时代出现的风险

最后我想指出的是，从 2018 年春季开始白热化的中美贸易摩擦对预测中国的这两大金融颠覆者的未来具有重要的意义。近年来，许多专家认为，"一个被美国和中国分裂的世界即将到来"。

谷歌前董事长埃里克·施密特曾说过："未来的互联网世界将被美国主导的阵营和中国主导的阵营一分为二。"

清华大学特聘教授阎学通曾说："现在的疑问不是中美两极时代是否即将到来，而是它到来后会如何演变。"

但是，我不认为这仅仅只是一场短暂的贸易摩擦，相反，我认为中美之间的贸易摩擦将是一个长期过程，未来可能持续 10 年、20 年，甚至 30 年，所以说现在中美贸易摩擦才刚刚开始。如果使用 PEST 分析政治、经济、社会和技术这四个方面，那么中美贸易摩擦就是"覆盖军事和安保在内的国力之战"，抑或是"美式资本主义与中国特色社会主义之战"，以及"技术霸权之战"。

中美关系的 PEST 分析

让我们仔细看一下 PEST 分析。

作为政治因素，美国和中国分别宣称"要把美国建设成军事强国"和"要让中国成为军事强国"。从政治上讲，这已经是覆盖国家安保在内的国力之战。

经济因素则多种多样，在此我觉得最应谈的是"美式自由市场资本主义"与"中国特色社会主义"之间的斗争。我们知道，阿里巴巴和腾讯等中国企业的崛起少不了政府的背后支持。尽管人们认可美式自由市场资本主义所取得的成就，但现在中国特色社会主义也在变得更加强大。

作为社会因素，就不得不提及美国特朗普政权带来的余波。自特朗普执政以来，美国的政治集权和对多样性的尊重已经有些倒退。但是，美国本身是一个移民国家，起源本就多样性。而且美国前总统奥巴马也曾呼吁要把美国建成一个尊重多样性的国家，后来的尊重少数民族文化或全民健康保险制度（简称"奥巴马医保"）便是在这样的土壤中诞生的。尽管有些倒退，但美国尚未放弃作为一个尊重多样性国家的身份。在第 45 届总统选举中，因崇尚多样性而饱受争议的千禧一代更多投了特朗普的反对票。

作为技术因素，我认为中美的模式已经发生了变化。美国享有先驱者的利益，而中国享有后来者的好处。中国的技术已经在许多领域处于领先地位，而且中国也正在抢占许多领域的先发优势。

未来，人工智能领域是技术争夺之战的主要战场。为此，软银董事长孙正义曾制定了一项"人工智能集团战略"，该战略将积极投资人工智能相关的企业，因为人工智能将重新定义所有行业。

但是，人工智能只不过是一种手段。关键是人工智能究竟可以收集并分析多少大数据。换句话说，争夺的关键首先就是数据。在这方面，中国应该更具有潜力，因为国家可以从 BATH（百度，阿里巴巴，腾讯，华为）等科技巨头公司获取大数据。

阿里巴巴进军区块链汇款的冲击

更令人震惊的是，自 2018 年以来，阿里巴巴通过支付宝开始涉足区块链技术下的国际汇款业务，而且已经将目标国家扩大到了菲律宾和巴基斯坦。

我不认为这是阿里巴巴一家公司的某一项金融服务。相反，这可能是"分裂世界"中金融产业的开端，它将在未来数十年间不断进化。

传统的国际汇款业务是由美国主导的中央集权系统——SWIFT（环球同业银行金融电讯协会）来管理运营的。但是众所周知的是，区块链是一种去中心化技术。在中国，个人之间的货币交易已经发展到无须中央集权系统介入也可实现的程度。这次启动的国际汇款业务意味着中国将开启没有 SWIFT 的金融系统。在"分裂世界"中，阿里巴巴将成为金融领域的重要一隅。

世界上最先进的金融科技大国——中国的今天

在本章的最后，我想以阿里巴巴的根据地——杭州为例，介绍一下世界上最先进的金融科技大国——中国的今天（截至 2019 年 3 月）。

阿里巴巴西溪园区，一个无现金化的智慧园区

阿里巴巴受中国政府委托推广"AI+ 智慧城市"业务，建立了坐落于杭州的阿里巴巴西溪园区。该园区由阿里巴巴总部、阿里巴巴第一家最先进的实体商业设施、阿里巴巴第一家未来人工智能酒店以及阿里巴巴员工的居住地共同组成，从外观看起来就像一个以无现金化为前提的智慧城市。园区总部大楼的屋顶上装有一块太阳能电池板，用于生产清洁能源——发电。

我觉得阿里巴巴智慧园区本身就已经形成了一个真实的生态系统，并且更有望成为中国未来智慧城市设计的范本。主要原因在于，阿里巴巴智慧园区肩负着打造"中国硅谷"——杭州未来科技城的重任，旨在成为 1,000 多家初创企业和快速成长企业聚集的高科技产业园区。

阿里巴巴的第一家未来人工智能酒店菲住布渴（FlyZoo Hotel）于 2018 年 3 月开始运营。客人办理入住手续时可以使用面部识别的应用程序，简单易操作。该面部识别还可用来进出电梯、房间以及健身俱乐部。进入房间后，阿里巴巴的语音助手——阿里 OS 可以为客人提供各种服务，只需讲话即可完成，包括窗帘、音乐、房间的灯光以及室内空调的调节等。此外，机器人接待员还为客人提供客房服务和

便利设施。在酒店吧台，机器人调酒师可以迅速调制出客户预订的鸡尾酒。

坐落在阿里巴巴总部和菲住布渴酒店中间的，是于 2018 年 4 月开业的阿里巴巴首个商业设施"亲橙里"。在这里，我目睹了无现金支付、自动化和无人化服务的开展，阿里巴巴网店的线下发展以及应用高科技的分支机构发展。最先进的新零售超市"盒马鲜生"位于地下一层，可以提供无现金支付的零售体验。该购物中心还提供无人卡拉 OK 室、无人休息和会议室租赁以及多部无现金自动售货机。位于顶层的电影院采用无现金且无电影票的自动化方式。

阿里巴巴的电子商务零售商店出售各种物联网家用电器，它们都配备了阿里巴巴语音识别 AI 助手，而且这些家电也被安装在酒店客房，只需说话即可支配。另外，"亲橙里"购物中心的服装店里还装有"虚拟试穿系统"，该终端可以根据图像识别并创建客户的虚拟形象，并使用虚拟形象进行各种试穿。在这里，顾客不仅可以从该终端使用支付宝购买自己心仪的商品，还可以通过阿里巴巴的视频网站观看有关热销产品信息的直播。商品可以通过各种方式介绍给顾客，当然顾客也可以通过各种方式购买商品。

这次体验中，我也使用了阿里巴巴投资的"滴滴打车"。

通过体验这些服务，我切身感受到，早已在智能手机上实现无现金社会的阿里巴巴想要"开拓未知领域"的野心，以及全面向"连智能手机都不需要的物联网支付"或"面部识别支付"转移的气魄。

正如我在第 1 章中提到的那样，我认为通过无现金方式实现社会自动化、服务和共享化更为重要。无现金化 + 自动化 + 服务 + 共享化是缓解城市地区拥堵和拥挤，解决人口稀少地区结构性人手短缺问题的重要手段。

科大讯飞，一家支持银行数字化的 AI 公司

在人工智能语音识别领域，科大讯飞不仅处于中国领先地位，它还负责阿里巴巴、腾讯和百度等科技巨头企业的语音识别技术。会议开始前用作说明的视频板实时显示了该公司从全国各地收集到的大数据件数，一天之内就超过了"47 亿"件，在这里我真的感受到了威胁。科大讯飞还为中国银行的数字化和智能化做出了重要贡献。在中国的银行中，拥有无人化大堂的未来银行分支机构正在增加。在那里，只需通过触摸面板和语音识别 AI 助手即可办理各种银行交易业务。

在中国，部分地区已经可以使用"只需说话"的语音识别 AI 助手购买地铁票。

日本何时能赶上 2019 年 3 月的中国，基准试验至关重要。在金融机构的附带业务和表外业务中，金融科技和数字化正在发展的是欧美和日本，而在更具体的银行原本业务领域中，正在发展的是中国。更重要的是，在中国，技术正在解决社会问题并提供附加价值。因此，我们不能忽视中国的变化，要正视它的变化。

第 8 章

日本的金融颠覆者

构筑平台，扩大规模经济范畴

如果说全球排名前三的金融颠覆者是亚马逊、阿里巴巴和腾讯，那么乐天、LINE、雅虎软银和SBI无疑就是日本的四大金融颠覆者。

接下来我们将要介绍日本四大金融颠覆者，它们的商业模式都效仿科技巨头公司的商业模式。为什么这样说呢？

因为这四家公司都构筑了与智能手机兼容的平台并推出了支付功能。并以此为契机，丰富金融服务的种类，即在经营汇款、信贷、保险、投资和存款业务的同时，通过提供有吸引力的用户界面与完善用户体验，从而吸引用户使用该平台提供的其他生活服务。这种良性循环会不断地扩大"规模经济"。

通过智能手机与客户亲密接触

正如我们反复指出的那样，新一代金融的商业模式中有三个要点：

首先，是与智能手机兼容的平台，即是否可以与客户建立亲密且频繁的联系。众所周知，日本的四大金融颠覆者各自建立了具有自我特色的平台。其中，乐天是日本最大的电商，而LINE是日本最大的通信应用程序。

表 8-1　日本四大金融颠覆者的比较

	乐天	LINE	雅虎软银	SBI
主要的客户接触点	电子商务和金融	社交应用程序	信息、电子商务和金融	金融
零售和电子商务	◎	○	◎	—
通信	○	○	◎	—
二维码支付	○	○	○	○
信用卡	◎	○	○	○
银行	○	○	○	○
证券	◎	○	○	◎
信托投资	○	○	○	○
人寿保险	○	○	○	○
财产保险	○	○	○	○
虚拟货币	○	○	○	◎

注：在本图中，"◎"代表各公司已公布的业务，"○"代表各公司今后可能开展的业务。

其次，与其他发达国家相比，日本的大银行在构筑新一代平台方面已经滞后。随着金融颠覆者的崛起，它们已经感受到了危机，不得已开始创建平台。尽管如此，许多用户仍旧认为网上银行仅具有转账功能，而银行柜台和 ATM 还是办理银行业务的主要渠道。

从这里来看，很明显仅凭构筑平台还是不够的。因为平台的用户界面和用户体验都遭到了质疑。在这方面，IT 出身的金融颠覆者们就技高一筹了。在它们眼中，优质的用户界面和用户体验是它们发展的命脉，所以它们不折不扣地追求"更易于使用与更没有压力"的用户体验。

它们在金融领域也进行着同样的实践。可以说金融颠覆者与传统的大银行之间有着天壤之别。对传统的大银行来说，让特意来银行办理业务的客户在柜台等候被认为是"理所当然"的事情。当然，大银行表面上还是宣称，它们也在不断地强调用户体验和用户界面的重要性。但问题是它们对这种重要性究竟理解到了什么程度。似乎它们并没有理解到其本质，即"真正的客户至上"到底是什么。

最后，是对数字化转型的态度。在这方面，金融颠覆者的优势也非常明显。数字化转型是"从根本上数字化整个公司"与"数字化所有业务"。换成在金融服务领域，要做到的就是"银行服务将对客户不可见"。这对于大银行来说，几乎就是对自己原有业务方式的全盘否定，因此要转型的话，痛苦是不可避免的。

想一想决定新一代金融模式成败的三个要点，我认为日本的科技公司在平台、用户界面与用户体验以及数字化转型方面，将极有可能颠覆现有金融机构的模式，这一切估计会在三五年后发生。

乐天："经济体的超扩张"蓝图

在日本的四大金融颠覆者中，乐天是提供金融服务最多的"综合金融玩家"。

说起乐天，许多人对它的印象可能是像亚马逊或雅虎购物那样的电商网站。

但是，从实际情况来看，乐天正在建成日本首屈一指的金融科技公司。它不仅提供乐天银行、乐天证券、乐天生命保险、乐天损害保险等一站式金融服务，它还网罗了从信用卡"乐天卡"、电子货币"乐天 Edy"，到用于乐天超级积分的"乐天积分卡"和二维码支付的"乐天支付"等线上线下融合的超便利付款方式。截止到 2018 年 6 月末，全日本引入乐天支付服务的区域已经多达 120 万处。从全年营收来看，乐天的金融科技业务占比较大，截止到 2018 财年第三季度末占总营收的 35.7%。

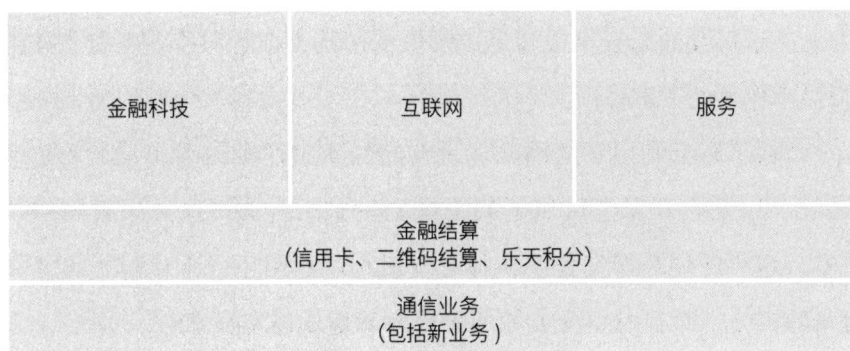

图 8-1 乐天的业务结构

综上所述，毋庸置疑，乐天已经是一家金融科技公司。且不用说与日本的大银行相比，乐天集团也许早已成为与中国阿里巴巴旗鼓相当的竞争对手。

用"乐天积分"连接

乐天卡是乐天金融科技业务的核心。截至 2018 年，乐天卡的注册会员已经超过 1,500 万人，交易金额达到 7.5 万亿日元，位列日本国内信用卡行业交易额的第一名。虽然日本银行的信用卡行业增长率是个位数，但是乐天卡却以每年 20％ 的增长率逆势而上，呈现出压倒性的优势。

面向中小企业，乐天还提供了一项名为"超级商业贷款"的借贷服务。该服务与亚马逊借贷几乎相同，都是基于商业渠道获得的大数据来进行授信评估。2018 年 8 月，乐天集团内部进行了重组，乐天信用卡有限公司接管了各项金融科技业务。

关于后发的乐天卡成长迅速的原因，乐天金融科技业务负责人细坂昌幸作了如下解释：

"除了充分利用互联网来促进彻底的无纸化流程以及永久免年费之外，乐天还开发了可用于网上购物的积分计划——'乐天超级积分'。这一计划令即使是在实体分支机构，利用乐天卡支付也可累积 1％ 的积分。而当时整个业界的积分率普遍还停留在 0.5％。并且，我们在其他企业之前，就推出了智能手机端也可便捷操作的信用卡申请业务。"

乐天增长的背后是乐天卡，而乐天卡增长的背后是"乐天超级积分"。

乐天现在倡导的主题是"超级扩张乐天经济范畴"，关键词是"会员 + 数据 + 品牌"。在《乐天集团年报 2017》中，有这么一段话：

"乐天为日本国内外提供各种各样的互联网和金融科技服务。这些服务的核心是我们公司重要的非金融资产，即以乐天会员为中心的会员体系、品牌和数据。乐天会员使用共通的 ID，可以无阻碍地享用乐天提供的多样化服务，进而形成'乐天生态系统（经济范畴）'。通过这些使会员的终身价值最大化，降低客户的获取成本，增加流通总额，提高企业价值。"

进军移动端是"超级扩张乐天规模经济"的立足点

那么，乐天规模经济的超级扩张的具体业务又是什么呢？

2017年12月，乐天宣布进军移动通信业务。自2014年10月以来，该公司一直在推出一款名为"乐天移动"的低成本智能手机，只不过该手机租借移动通信网公司（NTT DoCoMo）的线路运营，套餐费用有所限制。但从2017年起，获得自有线路的乐天开始大力发展自己的移动基础设施建设，它力争在数年内成为日本继移动通信网公司、第二电电（KDDI）和软银之后的第四家移动运营商。

截止到2018年1月，日本乐天市场流通总值的76.7%来源于移动端，而支持支付服务的"乐天支付"只有在智能手机上方可使用。移动端是支撑整个乐天规模经济的重要基础设施。如果能持续下去，那么乐天市场的流通价值自然也会增加，而且来自移动通信业务的通信资费将成为乐天稳定的收入来源。

除此之外，我们还可以预想到一些乐天的目标。如假设在"乐天移动"智能手机上安装乐天开发的应用程序，仅凭这一点就足以促进用户对该应用程序的利用，这将大大增加用户使用乐天服务（70多种）的可能性。由此可见，移动通信领域的发展也可以说是乐天迈向"乐天规模经济极端扩张"的基石。

2018 年 11 月，乐天宣布与第二电电建立战略合作关系，通过直接租用第二电电的通信设备，开展移动通信业务，以节约时间和成本。

这种合作关系不仅使乐天受益，而且第二电电也可以利用乐天提供的支付和物流平台。具体来说，超过 120 万个乐天支付加盟店可以使用第二电电于 2019 年 4 月推出的 au Pay 服务，同时乐天也承担了第二电电购物网站"Wowma！"的物流业务。换句话说，在通信、物流和支付这三个领域中，第四和第二运营商的资产可以互相利用，这将为第二电电的 au 规模经济和乐天规模经济发展提供巨大的便利。

乐天表示，通过这次合作将有利于尽快实现无现金社会，解决物流领域的社会问题，并在通信服务方面实现良性竞争，从而进一步提高市场上客户的便利性。

加速财险和共享用车等新业务的发展

实际上，乐天开拓的新业务并不局限于移动通信领域，乐天还通过收购朝日火灾海上保险公司，进入了财产保险业务，这样一来乐天就拥有了全方位的保险业务。可以预期，这将与乐天现有的服务产生协同作用，例如乐天旅行的旅行险，以及针对乐天民宿房东的火灾和家庭财产保险等。

2018 年 1 月，乐天宣布与美国最大的零售商沃尔玛建立战略合作伙伴关系，乐天将与沃尔玛的日本子公司西友共同运营乐天西友网店。乐天拥有卓越的互联网技术，而西友提供的商品物美价廉，二者的联合可实现快速配送西友的生鲜食品和日用品。同时，美国的沃尔玛商店也将开始提供乐天的电子书服务。

此外，从 2018 年 4 月开始，乐天与日本大型连锁电器行 Big Camera 推出的"Rakuten Big"也开始运营。它不仅实现了线上线下融合，还支持乐天积分。

作为解析过新一代汽车行业的作者，我当然不会错过对共享用车的介绍。2015 年，乐天给打车公司来福车投资了 3 亿美元，而该公司已在美国 300 个城市提供共享乘车服务。在市场份额上，来福车低于软银投资的优步，但用户的增加率要高于优步。

在投资来福车时，乐天社长三木谷浩史说："来福车是未来的经济模式。通过建立人与人之间的协作，共享经济将从根本上改变服务业模式并惠顾到整个社会。来福车发掘个人和社会的潜能，像这样的企业掌握了未来发展的关键。"

根据三木谷社长担任代表理事的新经济联盟的报告显示，2015 年共享用车市场规模约为 1.65 万亿日元，预计到 2020 年将翻一番。目前，新经济联盟正在游说取消对共享用车服务的禁令。共享用车业务获批后，乐天将通过在智能手机上安装打车应用程序，再次推进乐天的共享业务。正如之前介绍的，该智能手机也是由乐天的移动端业务所提供。

无论如何，乐天将联合"会员 + 数据 + 品牌"的全部力量，稳步推进乐天规模经济的超级扩张。

扩大乐天品牌之间的交叉使用是关键

"乐天规模经济的超级扩张"一词首次出现在乐天 2017 年的年度财务报告中。从那时起，"超级扩张"就被定位为乐天商业模式中最重要的概念。

根据 2018 财年第三季度的财务资料，乐天的会员价值目前约为 4 万亿日元，未来更可达到 10 万亿日元。在这里，会员价值是指"所有服务利用人数 ×LTV"（LTV= 终身价值），是衡量单个用户在其整个生命周期内为特定公司或品牌带来的收益的度量。

实现这一目标的关键在于扩大"交叉使用"。交叉使用是指乐天会员使用两项或两项以上服务，当一名会员平行使用乐天提供的电子商务、金融科技、数字内容和通信等 70 多项服务时，其会员价值就会提升。截止到 2018 年 9 月，乐天会员已超过 1 亿人，其中有 69.2% 的用户使用了两项以上的服务。

乐天的积分计划是促进交叉使用的引擎。乐天超级积分可以在利用服务时积累或使用，它扩大了乐天生态系统的客流，增强了客户黏性，比如重复利用多项服务，跳转别的服务或持续使用该服务。乐天超级积分计划进一步加速了这一进程。在乐天市场购物时，该计划服务可使用户最多获得高达 15 倍的积分，例如在乐天市场使用乐天卡可获得 2 倍积分，在乐天银行用乐天卡取款可获得 1 倍积分等。乐天规模经济就是一种使用乐天提供的服务越多，奖励并返还的积分也越多的规模经济。

在 2018 财年第三季度的财务报告中，说明了扩大交叉使用的方法，即"从乐天市场开始，然后以乐天超级积分为契机，进一步使用乐天旅行和乐天图书"。

此外，该方式还扩展到金融科技领域。例如，乐天卡与乐天银行之间的信贷担保，以及乐天银行与乐天寿保之间的房贷集体信用保险等。另外，乐天银行和乐天证券之间还存在协同作用，如即时汇款和金融中介就是其中之一。

因此，金融科技业务的交叉使用正在稳步扩张。乐天卡、乐天银行和乐天证券的交叉使用在 2018 年第三季度同比增长 43.4%。启动超级积分计划前后，乐天银行和乐天证券报告称，通过乐天集团申请账户的数量增加了 2.6 倍。

通过交叉使用来扩展业务是乐天独有的优势，所以乐天规模经济也可以称之为"乐天积分规模经济"。

乐天规模经济的客户接触点是巨大的。以乐天市场、乐天旅游、乐天卡和乐天银行等为代表的每种业务都会聚集客户，也都会吸引客户交叉使用其他服务。通过 ID 联合进行的诱导毫无压力，并具有良好的客户体验，而乐天积分是连接每种服务的"催化剂"。

一次交付（One Delivery）计划

2018 年，乐天宣布了"一次交付"和"一次付款"的新概念，旨在扩大乐天规模经济。

一次交付是指为了应对日益增长的物流压力，乐天将在 2020 年左右，通过建立独立的配送网络，为乐天市场进驻商户提供从仓储到配送的一站式服务。

　　具体来说，乐天计划扩大"乐天超级物流中心"以及自有配送服务"乐天快递"的配送范围。据可靠消息称，乐天"引入自动化的仓储设备，运营有效的管理物流配送中心，基于乐天的商业数据和 AI 技术预测订单，并通过与库存信息的结合优化库存配置，提高配送速度并削减仓储和配送成本"。因此，乐天的配送网络可提供从产品订购到配送的一站式服务。乐天在不断地融合商流、资金流和物流来扩张其规模经济，未来将形成与亚马逊和阿里巴巴的争霸之势。

一次付款（One Payment）计划

　　当下，"一次付款"的概念也在酝酿之中。这并不是某个特定服务的名称，而是所有商店都能使用相同的方式付款之意。

　　到目前为止，乐天市场上有多种付款方式，即刷卡付款、便利店付款、乐天账户付款和货到付款等。但是，每个商店都可以选择使用不同的付款方式，而这正是导致用户流失的间接因素之一。如果不能让用户选择自己想要的付款方式，则大约 60％ 的用户将放弃交易或在其他站点上购买。

　　One Payment 通过乐天支付的平台统一了付款方式。这样一来，商家将会享受到代办支付相关的服务以及统一入账周期的好处。当然，对于用户也有好处，比如丰富了支付方式，提高了用户体验等。到现在为止，如果用户在多家商店购物，并考虑一次性付款的话，那么只能选择每个商店通用的付款方式，比如信用卡支付。但是，在引入乐天支付后，就可以实现一次性支付，这必将大大改善客户体验。

除此之外，在 2018 年 7 月举行的"乐天 EXPO 2018"上，还报道了以下信息：Omiya Sports 位于新潟县长冈市总部，于 2017 年 11 月推出乐天支付后，不仅增加了便利店付款和银行转账等预付付款方式，还获得了许多年轻的新客户。预付付款比引入乐天支付之前高出 92.2 倍，商店的整体营收也高出 1.3 倍，甚至还减轻了支付操作的负担。

"一次"的两层含义

实现全面物流服务的"一次交付"，以及提供统一付款方式的"一次付款"，都可以提升客户体验，继而加强乐天集团内部业务的协同作用，最终实现乐天规模经济的超级扩张。

我认为，"一次"其实具有两层含义：一是为客户提供一站式便利服务；二是加深集团内部协作，两点合一，最终得以打造统一的乐天品牌。

2018 年 8 月，乐天进行了业务重组，旗下仅剩在线购物、移动通信和金融科技等子公司。从分拆的角度看，可能会有人觉得从形式上将权力下放给子公司会导致整个企业四分五裂。但是乐天的目标恰恰相反，它是通过强化集团内部之间的合作并产生协同作用，以此来增加乐天的"整体感"。乐天进军移动通信业务将增强乐天的整体性，扩大乐天在日本的规模经济，这也将成为乐天向全球扩张的契机。

乐天 API 经济将进一步扩大乐天规模经济

最后，我想说一下与外界一体化或连接的乐天 API。在这里，API 是指应用程序编程接口的缩写，是一种连接样式与机制，用于从另一个应用程序进入访问并操作某个应用程序的功能或管理数据。向其他公司开放 API 接口称为开放 API。全球先进的金融机构已经开始使用对外开放 API。这是因为 API 有潜力从一个普通平台形成一个 API 经济的生态系统，而星展银行就是该领域的先驱。

2018 年 7 月，乐天与美国的 R Software 公司确立了独家战略合作伙伴关系。R Software 公司是一家专注于应用程序编程接口市场的公司，将为乐天提供 API 市场服务"Rakuten RapidAPI"。鉴于这个部分非常重要，我在此引用乐天签署合约时发布的消息进行介绍。

"RapidAPI 是全球最大规模的 API 开发平台，该平台提供 8,000多种丰富的 API 产品，为全世界 50 多万名开发人员所使用。近年来，随着各个企业、组织和公共机构对外开放其服务功能的 API 进行资源共享以来，一个开发了新业务的生态系统'API 经济市场'在全球范围内迅速崛起。在日本，自 2018 年 6 月 1 日起生效的《银行法》规定，金融机构有义务向外部业主提供 API，并且以金融科技行业为首，已经有越来越多的企业参与到'API 经济'市场。这次提供的'Rakuten RapidAPI'，通过启用日语功能，极大地提高了日本用户的便利性。"

通过使用"Rakuten RapidAPI"，开发人员可以更方便快速地购买满足其需求的 API。此外，API 的供应商为了制订有效的 API 销售方

案，除大幅度削减销售所需的时间和成本以外，还可以将其 API 交付
给世界各地的开发人员。乐天、乐天通信和 R Software 将继续优化日
本以外的亚洲市场，并鼓励 API 供应商和开发人员使用它们的产品。

我认为进军 API 经济市场的计划将有利于进一步拓展乐天规模经
济，并成为扩大乐天规模经济的好方法。这是因为开放的 API 具有升
级支付系统，能发挥金融机构和企业传统优势的潜能。

乐天规模经济的演变

乐天于 2019 年 2 月 12 日举行了 2018 年第四季度与全年财务业
绩报告会，并宣布了公司的一些重大变更。其中便包括建立乐天支付
系统，进一步发展无现金支付业务；通过更新当前的乐天支付应用程
序，所有付款方式都将被统一到一个名为"新乐天支付应用程序"的
平台上等。另外关于金融科技业务，乐天也进行了整改，乐天将在乐
天卡旗下设立银行、证券、保险等业务分公司。

在乐天集团的用户之间，使用乐天积分和乐天现金进行支付的人
数正在增加。在金融领域不容忽视的是，以这些为原资产的证券交易
也在增加。要知道，在乐天购物是"消费"，而购买证券是"投资"，
二者对资金的利用方式完全不同。

此外，乐天证券还明确区分了"资产形成"（薪水等核心资金形
成的长期财产）和"资产运营"（对剩余资金的运营）。因为乐天的目
的是与客户建立持续且良好的关系，所以公司将重点放在前者的业务
上。实际上，有数据表明，如果利用乐天证券来进行资产形成的话，

将会大幅增加整个集团的可用资金。乐天证券还表示，"继续利用核心资金进行资产形成的客户是对乐天给予高度信任的人"。

近年来，大家经常使用"××规模经济"一词。在全球范围内，使用"规模经济"一词开展业务的平台已越来越多，比如亚马逊规模经济和阿里巴巴规模经济便是其中的佼佼者。

回看日本国内，就电子商务、旅行消费、金融领域而言，乐天可能构建了全球最大的规模经济。以前，乐天的金融业务主要被用来支持其核心业务电子商务的发展，但是今后，乐天则打算将其金融业务发展成真正的核心业务。此外，2019 年 3 月来福车的上市，给其最大的股东乐天带来金融及其业务扩展上的好处，在未来也将带来意想不到的影响。我一定会持续关注乐天规模经济的演变。

LINE: 在客户接触点的竞争中处于领先地位

LINE Pay 是 LINE 在 2018 年 6 月推出的二维码支付服务，以"加盟商引进费用为零，以及今后 3 年内免支付手续费"的重大赤字攻势引起关注。LINE Pay 的策略是专注于去现金化尚不发达的中小型商店，并消除导入去现金化支付的障碍。目标是截止到 2018 年底，确保 100 万个商店加盟。

LINE Pay 具有很大的优势。它被内置在 2018 年第三季度便已拥有 7,800 万用户的 LINE 上，所以不必专门下载新的应用程序。如果一口气扩大植入 LINE Pay 的分支机构数量，那么在用户易于启用和易于使用方面都将是巨大的进步。

以中国的腾讯为基准

LINE 试图通过其通信应用程序，垂直整合所有生活服务，甚至包括金融业务。从这一举动可以看出，LINE 明显在效仿中国的腾讯。

所以，如果我们能了解腾讯的支付应用程序"微信支付"席卷中国市场的经过，那么就能切身感受到 LINE 的潜力。

阿里巴巴的"支付宝"是中国二维码支付市场上的先行者。而微信支付比支付宝晚了 10 年。最初人们认为支付宝的根基不会动摇。但是，微信支付的渗透速度远超支付宝。有报道称，微信支付正在逆袭。我认为这种趋势上的差异很大程度上是由于支付宝与电子商务网站链接，而微信支付是与通信应用程序链接所致。

我们只有在购物时才浏览电子商务网站。但是，每当有朋友或熟人联系我们或我们想要主动联系别人的时候，每天都要打开好几次通信应用程序。浏览通信应用程序的频率要比浏览电子商务网站的频率高出很多倍。腾讯通过这种方式，以使用频率具有压倒性优势的通信应用程序为平台垂直整合各种金融服务，进而丰富其他生活类服务。

仅在日本，就有 7,800 万名活跃用户

那么 LINE 又如何呢？它的月活跃用户已超过 1.65 亿人，仅日本就有 7,800 万名，或许这是日本最大的客户覆盖平台了。不仅在日本国内，LINE 还在中国台湾地区，泰国和印度尼西亚提供通信应用程

序的同时，涉足金融服务。LINE Pay 的首席运营官长福久，就 LINE 进军金融业务的必要性做出如下解释：

"LINE 于 2011 年 6 月作为通信应用程序开始提供服务。之后，随着用户数量的迅速增加，LINE 又推出了'智能门户概念'，旨在瞄准智能手机时代的平台。利用智能手机这一设备，无论何时何地都能与自己需要的人、信息、服务、企业和品牌建立联系，从而构建起一个完整的世界，并将包括视频、音乐、漫画、游戏等组成的'内容平台'与提供诸如支付、招聘和 O2O 等生活相关服务的'生活平台'融合在一起，旨在成为一个支持用户所有生活的平台。

"由于提供各种服务，不可避免地就需要客户付费。因此 LINE 于 2014 年 12 月公开了 LINE Pay，目的是为了将用户日常生活中必不可少的支付功能添加到其智能门户中。LINE 的定位是智能门户化，在此过程中首先便是要添加支付功能，来提高用户生活的便利性。"

LINE 也和腾讯一样，以强大的通信应用程序为"武器"，跳出了社交网络企业的范畴进行发展。

广告营收在增长，但通信和内容方面发展停滞不前

LINE 是日本四大金融颠覆者中发展最快的新兴企业。该公司成立于 2000 年 9 月，由韩国 Naver 公司 100％出资。Naver 是韩国最大的综合互联网公司，提供广告、内容服务和商业平台等业务。起初，由于是韩资企业，LINE 的营收中约有 30％来自海外业务。即便如此，但海外的会员注册数却一直停滞不前。2016 年第二季度，来自中国台

湾地区，泰国和印度尼西亚的会员人数还有 9,500 万人，到 2018 年第一季度却已经减少到 8,700 万人。

让我们看一下营收结构。一方面，LINE 是一家以广告为核心业务的公司。截至 2017 年 3 月 31 日，公司 2017 财年总营收 1,671 亿日元，其中广告收入达 765 亿日元，同比增长 39.9%。LINE 的广告业务包括 LINE 官方账户、LINE 表情贴纸、LINE 积分、LINE@、时间轴（TimeLINE）广告以及作为门户网站广告的 Naver 等相关内容。尽管不如脸书和谷歌那样营收极端化，但可以看到广告营收占比最大，其增长推动着总营收的增加。

另一方面，通信和内容业务的增速一直在放缓或下滑。LINE 的通信业务包括聊天、表情贴纸和装扮等，从 2015 年到 2017 年，增幅仅为 1.05 倍。LINE 的内容业务包括游戏、漫画、音乐和占卜等，同比下降了 20%。但是需要注意的是，内容本身的预期寿命很短。因为命中与否对营收的影响很大，所以说内容业务在商业模式中带来的收益注定是不稳定的。

其他业务显著增长

但是，值得注意的是"其他业务"的增长。尽管营收金额只有 202 亿日元，但从 2015 年到 2017 年，其增幅却高达 3.37 倍。

这其中也包括 LINE Pay 在内的金融科技业务。LINE 在 2017 年的支付交易额已超 4,500 亿日元，全球会员注册数超过 4,000 万人，月交易量突破 1,000 万件。LINE 已经在日本国内的罗森便利店和大型药妆店等连锁店扩展 LINE 的加盟店数，并与包括三大银行在内的 50 多家银行达成战略合作协议。

除此外，AI 助手"Clova"已开始制作和推出。LINE 首先于 2017 年发布了智能扬声器"Clova Wave"和"Clova Friends"，随即成为日本唯一一家拥有与亚马逊的 Alexa 和谷歌的 Google Home 类似的智能扬声器的公司。后来，随着第三方公司和个人可用的软件开发套件（SDK）的发布，Clova 的可用功能（技能）已增加到 120 多个。尽管 LINE 是智能手机上的通信应用程序，但毫无疑问，它已将 AI 辅助视为智能手机的下一个平台。

与丰田、野村和瑞穗银行达成合作的意义

同样值得注意的是，与丰田的战略性合作扩大了 Clova 的使用范围。从 2018 年 12 月发售的新车开始，允许在车内安装使用 Clova Auto。该服务有多种功能，即使在驾驶时，也可以通过语音输入接收或发送 LINE 消息，播放音乐以及查看目的地的天气。

通过这种合作关系，LINE 的目标是进军汽车行业的新市场，而丰田的目标则是吸引 LINE 的年轻用户。丰田已经宣布安装亚马逊的 Alexa，在此基础上，LINE 只是其合作伙伴之一。虽然如此，能够与"世界丰田"建立合作关系对 LINE 而言，意义重大。

与此同时，无论是与 LINE 共同建立 LINE 证券的野村证券，还是与 LINE 共同建立 LINE 银行的瑞穗银行都在大放异彩。尽管 LINE 已在东京证券交易所一部上市，但它仍然是一家初创公司。与各行业

巨头合作对 LINE 来说，都是一笔巨大的资产。对于难以独自进入的市场，它将是最大的"武器"。

此外，LINE 的其他业务中，还包括金融科技和 AI 并重的 LINE 手机。尽管在 2016 年该手机已经引入了廉价的 SIM 业务，但由于移动通信网公司等通信巨头降价的影响，市场份额占比一直停滞不动。2018 年 1 月，LINE 手机宣布与软银建立战略联盟。软银获得 LINE 手机 51% 的股份，LINE 随即将目前租用的线路从移动通信网公司切换成软银。

对金融科技业务寄予厚望

LINE 现在正在通过将核心业务——广告，与金融科技和 AI 结合来强化其"战略业务"。

同时，LINE 也在积极开展投资业务。2018 年 9 月，LINE 进行了第三方定向增发，募集的资金具体将被用于开发金融科技和 AI 业务上。LINE 发布的新闻稿中显示，该资金用于"扩大旨在建立新基础设施的移动汇款与支付服务的 LINE Pay 的支持范围，用户数量以及汇款与支付金额的广告宣传和促销费用"，以及用于"未来开展的金融相关服务之启动，以及管理相关的营运资金、系统投资、人事费用，还有各行业的国内外战略性融资之中"，以上共计约 1,000 亿日元（截至 2021 年 12 月）。此外，用于"开发其主打产品 LINE Clova 及相关服务的人事费用、外包费用和广告宣传费用"的部分大约在 480 亿日元（截至 2021 年 3 月）。

在继续发展广告业务的同时，对金融科技和 AI 业务进行战略性投资。在此我们可以看出 LINE 的两个意图：一是加强 AI 扬声器作为后智能手机的基础设施，二是强化在 LINE 应用程序上部署金融科技业务。LINE 将这两个战略意图整合命名为"智能门户"策略。

无论如何，对于战略业务之一的金融科技，LINE 寄予了很高的期望。接下来让我们分别看一下 LINE 的金融科技业务。

LINE Pay 真正的目标是庞大的支付数据

我想再次强调的是，LINE Pay 是金融科技业务的核心。从 LINE Pay 开始，LINE 的金融科技战略就是全面发展金融业务，例如资产管理、保险和借贷等都是其发展方向。

LINE Pay 于 2014 年 12 月诞生，旨在通过 LINE 进行转账和支付。之后，LINE Pay 将功能扩展到预付卡、二维码支付和快速支付。由于它被内置于 LINE 应用程序中，因此不必安装专用的应用程序。它的简便性使其在其他支付应用程序中脱颖而出。如今仍然有大约 7,800 万名用户在使用 LINE Pay。

不仅如此，正如我之前提到的，二维码支付加盟店安装 LINE Pay 的成本为零，从 2018 年 8 月开始的 3 年内，使用二维码支付的交易再也不必缴纳手续费。此外，LINE Pay 还采取了强有力的促销策略来促进大家对该程序的使用，比如基于消费的金额兑换积分的"我的色彩程序"。在 2018 年 12 月第三季度公布的财报中，"LINE Pay 智能手机支付的支持地区已经突破 92 万个，并且年内将顺利扩展到 100 万个地区（包括 72 万个 QUIC Pay 支持地区）"。截至 2018 年 7 月，虽然它仍然低于已超过 120 万个地区（乐天支付 + 乐天 Edy+ 乐天积分 + 乐天卡）的乐天，但发展势头很猛。

然而，"零安装成本，无支付手续费"对竞争对手构成了严重威胁。这不是谁都可以效仿的，因为效仿的话就意味着放弃收入来源。

这是非金融玩家所特有的策略，他们不需要利用"支付本身"赚钱。而像 Origami 这样，试图通过二维码支付来赚钱的商家，将承受被淘汰的巨大压力。

那么，连手续费都免除的 LINE Pay 究竟想要什么？答案就是从支付服务中获取大量的数据。它将以此进行大数据累积，以便在新的金融服务中使用。就是说，二维码支付只是 LINE 拓展其业务的桥梁。

与金融平台公司合作，不断开拓新业务

实际上，LINE 旗下的金融服务正在陆续登场。LINE 金融有限公司于 2018 年 1 月成立，旨在进一步强化其金融业务，例如资产管理、保险、借贷和加密货币。

让我们具体看一下这些金融业务。例如，LINE 证券是与野村证券合作创建的在线证券公司。著名的野村证券与初创企业合作的目的是什么？野村证券总裁森田敏雄在 2018 年 8 月 13 日作出如下回答："在野村证券，50 岁以上的客户占 70％。因此，以年轻人为目标的方式，即所谓的'资产形成阶层'，实际上不适合野村证券。这一点十分明显。LINE 每月有 7,600 万名活跃用户。而我们只有 531 万个证券

账户，大约是其规模的 1/15。而使用 LINE 的用户中，50 岁以下的占 75%。换句话说，它抓住了野村劣势的客户群体。……所以说，LINE 的证券业务相对薄弱。这就是我们达成战略合作的真正原因。"

LINE 智能投资也已经启动。利用这项服务，客户可以轻松地在无人机、VR 和角色扮演等熟悉的平台上，进行约 10 万日元的小额投资。该投资业务是 LINE 与日本第一家主题型在线证券公司 FOLIO 共同合作推出的。

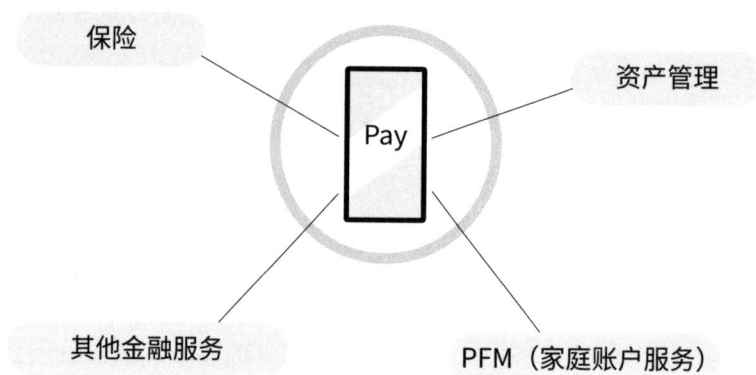

图 8-2　LINE 开展的金融服务

注：资料来源于 LINE。

LINE 还与日本财保企业——日本兴亚合作推出了 LINE 保险。客户可以通过智能手机在短短 60 秒钟内完成投保操作，保费从 100 日元起，并可以利用 LINE Pay 完成。

还有 LINE 银行。该银行是由 LINE 金融（51%）和瑞穗银行（49%）共同出资成立的银行。虽然具体的业务内容还不明晰，但是 LINE 的首席执行官出泽刚说："我们的重点是 LINE Pay，现在其用户数量在持续增加。如果我们想为 LINE Pay 用户提供各种金融服务，最需要的便是大家日常生活不可或缺的银行业务。……虽然法律制度很严格，但对用户的服务仍存在改善的空间，我们能否应对挑战？"

LINE 和瑞穗银行就"LINE 信用"的合作开发达成协议，具体包括利用 LINE 使用情况等数据来评估个人的信誉度（LINE Score），以及面向个人推出的无抵押贷款（LINE Pocket Money）等服务。

可以实现垂直整合吗？

这表明 LINE 与现有金融机构正保持着良好的关系。出泽刚表示："我们的基本方针是，在与现有金融机构建立合作关系的前提下开展金融业务。如果谋求应对金融特有的规制以及更加严格的运营体制的话，与拥有金融科技和经验的现有金融机构合作总比独自完成要好。"

当然，LINE 也独自开发了许多金融服务，比如 LINE 家庭账本等。另外还有一些先进的服务，例如拥有 750 万名用户的 Money Forward。据说，LINE 未来还会基于 7,800 万名 LINE 的活跃用户进一步开拓市场。

此外，LINE 也在进军通证经济（Token Economy）市场。LINE 宣布了自己独立开发的区块链网络 LINE Chain，以及在该网络中通用的货币 LINK（面向海外）和 LINK Point（面向日本）。从 2018 年 10

月开始，虚拟货币交易所 BITBOX 已经开始承认 LINK（不包括日本和美国）。

如果可以将这些丰富多彩的金融业务垂直整合，那么 LINE 可能会成为新一代金融行业的赢家之一。虽然 LINE 有时会出现不正常登录等安全隐患问题，但相信通过与瑞穗和野村等巨头公司的合作将会迅速提高其信誉度。

风险与挑战

当然，与巨头公司合作一定存在着一些未知数。

在提高信誉度的同时，也可能存在一些风险，比如失去了 LINE 原有的速度感。此外，延迟进行数字化转型的巨头公司可能会阻碍未来 LINE 继续前进。

即便是与野村证券合作推出的 LINE 证券，最终也可能只落得是一种互联网证券，无法在新一代金融业中幸存。过去，闻名世界的野村证券也未能在在线证券上取得成功。其实互联网证券早在 20 年前就已诞生，而且发展迅速，但由于激烈的手续费竞争而发展疲软，就此才迎来了其商业模式的极限。

现在需要的是，数字化转型时代下新的数字证券和数字银行。换句话说，让用户享受到"无意识交易"般的优质用户界面与体验，并提供符合数字原生代的价值和生活方式的新金融产品。

与腾讯相比，今后 LINE 面临的挑战是，吸引客户从通信应用程序中访问使用金融科技和电子商务等其他服务。目前，LINE 在客户接触点方面虽然具有压倒性的优势，但广告以外的服务增长并不如意。因此，就规模经济的规模而言，它不如乐天和雅虎软银联盟。

最后，我认为 LINE 主导金融业务的关键，取决于在金融方面获得的信用和信任。因为即使与野村证券和瑞穗银行合作，也仅仅是提高其信用，而获得信任是另一回事。LINE 能否克服比科技更高的障碍，将是一个重要的课题。

雅虎软银联盟：推出热门话题的 PayPay 支付

让人记忆犹新的是，雅虎软银联盟推出的智能手机支付服务 PayPay 在日本一度成为焦点话题。PayPay 是一项于 2018 年 10 月诞生的服务，是继 LINE 支付、乐天支付和 Origami 支付的又一位后来者。但由于其给加盟店的支付时限是最晚第二天到账，并且 3 年内免支付手续费，极大地保障了用户和加盟店的安全。

2018 年 12 月，雅虎软银联盟启动了一项惊人的用户获取计划，即"100 亿日元促销活动"。这意味着使用 PayPay 的用户，会得到与购买金额等值的 20% 积分返还，而且该积分可以用于以后的购物（每人最高 50,000 日元）。在此基础上，1/40 概率的用户可获得全额积分返还（每次最高 100,000 日元）。尤其是使用软银智能手机的用户，可获得全额积分返还的概率甚至高达 1/10。

这引起了爆炸性的反应，促销活动原应持续到 2019 年 3 月，但计划准备的 100 亿日元预算很快就被用完了，家电商场的收银台前挤满了使用 PayPay 结账的顾客，场面一度陷入混乱，最后促销活动也不得不仓促结束。但就是在这短短 10 天时间里，PayPay 吸纳了 190 万名用户。

竞争对手 LINE 支付或乐天支付推广过程中则从没有出现过这样的新闻。以前对智能手机支付持谨慎态度的许多用户，现在也都安装了 PayPay 来获取积分。换句话说，PayPay 以 100 亿日元的投资获得了 190 万名用户与潜在用户，平均下来每个用户的获取成本为 5,263 日元。也有传言说，PayPay 可能会推出相同促销活动的第二弹和第三弹。

像孙正义一样的超长期思维策略

许多人可能对这种大胆的策略感到惊讶，而我觉得这才是孙正义会采取的策略。2001 年，他免费在街角分发高速互联网连接服务 Yahoo BB 的调制解调器，并立即获得了市场份额。孙正义是一位罕见的企业家和投资者，他以"未来可以持续发展 300 年"作为愿景，投资了许多公司。此外他还是一位超级富有远见的人，他的目标是"30 年内让软银成为由 5,000 家公司组成的集团"。

这项"100 亿日元促销活动"应该是从长期规划中反向推导出来的，不计短期利润的一种措施。短期内，二维码支付本身就是一项亏损业务。众所周知，阿里巴巴和腾讯的支付业务本身也都处于亏损状态。但是像阿里巴巴和腾讯一样，雅虎软银联盟也有许多回收资金的方式。他们有一种商业模式是以 PayPay 支付为起点扩展整个规模经济，然后从整个规模经济中回收资金。

由于 LINE Pay 提供 3 年内免支付手续费服务，"不能通过支付手续费获利"，已成为二维码支付竞争中大家默认的事实。随着来自 Mercari（C2C 二手交易 App）的 Merpay 等的加入，接下来二维码支付市场的争夺战将继续处于混战状态中。胜负相信会在 3 年之内见分晓，到时候可能仅会剩下两三家公司而已，幸存的参与者将会是那些不以支付交易而是通过整个规模经济来获利的公司。换句话说，二维码支付应用程序只是一个入口，公司从这里便可以访问电子商务网站、增加广告营收、链接金融业务，以此来获取利益。

幸存者之一的很可能是雅虎软银联盟。到时候，软银推动的共享乘车可能已解禁，包括向美国优步投资的 77 亿美元等，或许还会与 PayPay 合作。

但是，PayPay 带来的并非都是好消息。一系列未授权信用卡的使用问题，以及"收到一笔无法识别的缴费通知"等问题常常被报道，而这些都是 PayPay 进一步拓展业务时必须克服的问题。

指数成长型企业常用的，尝试精益创业（lean-startup）的结果可以很好地解释它为何会被企业常常使用。这是一种在完善之前发布产品原型，观察用户的反馈，同时高速运转 PDCA 的方法。临时赶制出来的吸引客户的圣诞节销售，就与用户的反馈程度相关。

尽管如此，但问题仍然不断。在金融服务领域，让客户放心是重中之重，不能使客户放心的金融服务永远得不到多数人的青睐。目前，该应用程序的功能还仅限于二维码支付，而且还不能像支付宝那样"以支付应用程序拓展规模经济"，从而开展业务。我不能否认这始于"仓促行为"，所以我想密切关注 PayPay 将来如何运转 PDCA。

无缝链接各种金融服务

很久以前，一家名为雅虎的公司以链接到 Yahoo ID 的形式，针对"邂逅（媒体、广告）"，"搜索（检索、转换媒体、电子商务）"，"购买（购物车）"，"支付（钱包）"和"使用（服务、内容）"等一系列的用户操作，一下子提供了 100 多种具有特色的服务。

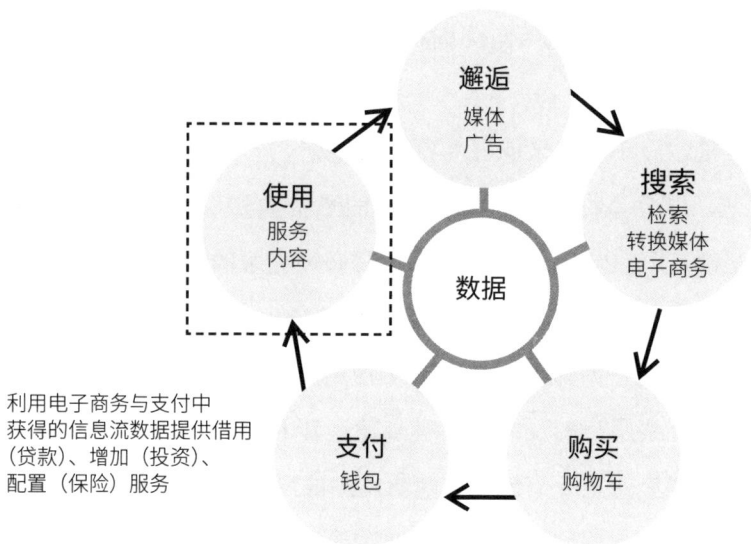

图 8-3　雅虎的支付业务定位

注：资料来源于雅虎。

今天雅虎的高级会员数已达1,979万人,每月的登录用户ID更是超过4,000万人,由此累积的大数据可用于创建更优质的客户体验。像其他科技公司一样,大数据是他们最大的资产。雅虎的《日本综合报告书(2018)》指出:"我们将把从2018年起的数年间定为第三创业期,并努力加快向'智能手机公司'和'数据驱动公司'的转型。毫无疑问,今后在解决'信息社会'的问题时,能否取得生产力和创造力方面的数据将成为最大的关键。因此在创建服务时,不必依赖员工的经验和直觉,只需要建立一个'数据驱动'轴,并沿该轴中心生成的结果切换系统,无缝连接集团的大数据,便可为客户提供最舒适的服务。除此之外,我们还将与外部各方合作并开辟新业务。"

旨在获取线下市场的数据

那么金融服务如何定位?

从上述内容我们可以看出,PayPay已表现出强烈的存在感。但与之相对,雅虎软银联合推出的信用卡"雅虎卡"、预付卡"软银卡"、互联网专业银行"Japan Net Bank",以及为雅虎购物和为入驻雅虎的商家提供融资的"JNB商业借贷"等,却在金融服务领域一直没什么存在感。

那么PayPay的存在意义又是什么?雅虎最初有一项"雅虎钱包"的支付服务,可用来在雅虎上购物等。后来雅虎还利用"雅虎卡"强化了信用卡战略,进而掌控了实体店的支付服务。关于这一点,PayPay营销本部的广报室长伊东史博表示:雅虎为在线开展业务的企业提供了一种名为雅虎钱包的支付服务。这使它们能通过互联网扩展业务，扩大可以补充商业数据的场景。比如，在线上什么样的客户在找什么样的商品、购买了什么等数据，都可谓是为发展在线广告等数据业务奠定了基础。但是考虑到电子商务市场的规模，线下市场比在线市场要大得多。

雅虎在努力开发在线也可使用的支付服务的同时，还建立了一个即使在"离线域"中也可以收集数据的渠道，以便将这些数据的使用与其他业务的增长联系起来。在不断变化的环境中，使用二维码支付这一新支付服务的可能性正在增加，它们将利用软银集团的管理资源，成为二维码支付市场的主要参与者，并在离线域中尽可能广泛地获取数据。

换句话说，PayPay 的目标是使用离线数据。

而雅虎正在"使用电子商务和支付中获得的信息流数据，来提供借用（贷款）、增加（投资）和配置（保险）服务"。

到目前为止，在我的印象里，雅虎软银联盟提供的金融服务一直是分散存在的。但是，如果将 PayPay 确立为基础设施，用于捕获电子商务和支付中的信息流数据，那将会怎样？PayPay 将成为无缝链接所有金融服务（例如借用、增加和配置）的门户，并改善客户体验。到时候"从支付应用程序开始的规模经济"也将应运而生。

软银集团的协同作用

软银也将金融科技列为其成长战略的支柱。雅虎是软银集团的子公司，与金融科技公司合作是自然而然的事情。

软银还表示，在未来几年中，从 17,000 名员工中转移 9,000 人到 PayPay 等新业务领域。如果这些人被用来开拓加盟店，那实力将是非常强大的。实际上，PayPay 已在日本全国范围内建立了 20 个网点，并成立了一支名为"购物顾问（Shop Consultant）"的千人销售团队，努力在各地开展业务。没错，这种攻势正是孙会长的行为方式，即为了创建一项业务而不惜投入所有资源。

回想起来，从雅虎日本就能看出，软银集团是一家可以让企业快速成长的巨头公司。雅虎日本是于 1996 年由美国雅虎与日本软银合并成立的一家互联网企业。通过这些年的飞速成长，截至 2019 年 3 月，市值已超过 1.4 万亿日元。当雅虎美国从日本退出时，软银却发现了雅虎日本的这种增长。这充分证明了软银集团不论是作为商业公司，还是作为投资公司都能有非常出色的表现。PayPay 母公司兼软银集团通信子公司的宫内谦社长也曾说过，要创造第二个、第三个雅虎日本。

当前软银集团正在全方位地进行投资，包括通信、自动驾驶、半导体、电动汽车、电力和能源等有望快速增长的市场。如果将软银集团的协同效应投入金融服务会怎么样？PayPay 支付的潜力将不可估测。

SBI: 继续"颠覆"的指数型成长公司

2018 年 8 月 1 日，有篇题为《证券支柱的个人业务下降》的文章出现在《日本经济新闻》的金融经济版面。"……总结各大证券公司在 2018 年 4—6 月期间的表现，股票市场的停牌减少了普通股的交易量，而且每家公司重点关注的信托业务收入也在显著下滑。许多公司通过零售来弥补债券交易部门的损失，这种变调已成为企业经营管理不安的来源。"

正如该新闻稿所指出的那样，在野村控股、大和证券和三菱 UFJ 证券控股的收益下滑的同时，SBI 控股的收益逆势而上。其旗下的 SBI 证券发布的 2018 年 4—6 月的财务业绩显示，净营业收入 289 亿日元，同比增长 23.9%；净利润 99 亿日元，同比增长 30.5%。自 2012 年以来，其客户数量以年均 10.3% 的速度持续增长，2019 年全日本排名第二，仅次于野村证券。政府已将 iDeCo 和 NISA 列为"催化剂"，并促进其销售，来促进"从储蓄到资产的形成"。iDeCo 账户的数量已超过 21 万人，NISA 账户的数量也已逼近第一名的野村证券账户的数量。

取得突破的不仅是证券，住信 SBI 网络银行 2018 年 4—6 月的业绩报告显示，该公司经常性营业收入 39 亿日元，同比增长 33.9%；投资收益 11 亿日元，同比增长 36.2%。总存款为 4.65 万亿日元，住房贷款达 4.3 万亿日元，在互联网银行中以压倒性的优势排名第一。

SBI 财保于 2008 年开业，已签署的保险合同达 100 万份。SBI 人保于 2015 年成为 SBI 的子公司，在办理住房贷款时要求贷款人加入的团体信用人保数量增加显著，并且保险合同的提交件数在一年内增长了4倍。

SBI成立于1999年，是一家专业的互联网证券公司（E-Trade证券）。它现在已成为日本四大金融颠覆者之一，正在试图颠覆现有金融行业。

SBI的飞跃成长适合用"指数"一词。该公司成立于泡沫经济破灭后的衰退时期。在高利率环境下，许多金融机构找不到借钱的企业，并且都因巨额不良债券而苦恼。在这种情况下，SBI是第一家实现数字化的公司，将证券、银行和保险等各种金融公司纳入旗下，同时将其并入网络基础架构中。

之后过了大约20年，"6个D"中所说的"潜伏"（参见第4章）时期已经结束，终于迎来了"颠覆"现有金融机构的阶段，这便是SBI当前所处的阶段。

将生态系统扩展到金融范畴之外

SBI起源于金融机构，其口号是"以金融为核心，超越金融"。截止到2018年3月，SBI集团拥有230家公司。除了证券、银行和保险，他们还将开发"资产管理业务"。该业务主要投资日本国内外的IT、生物技术、环境和能源以及金融相关的风险企业。此外，它还在全球范围内开发"生物相关业务"，包括制药、保健食品、化妆品等全球业务。这些从多角度，以多重形式提供的服务早已超出狭义的金融范畴，有助于改善人类的生活方式。

从这个意义上说，SBI 集团区别于曾一度在美国兴起的"集团公司"。在这里，"集团公司"是指多元化经营管理相互之间没有关联且开展不同业务的公司。

SBI 社长北尾吉孝曾说过："不论哪个行业，在互联网出现以前，每家公司基本都在为价值竞争，但是自从互联网问世以来，变成了为多家公司协同作用下产生的'网络价值'竞争。我是这么看的，所以我有意识地创建了一个企业生态系统。"

客户可以任意使用生态系统中的各种服务，例如银行、证券和保险，而不用麻烦地转移资金，并且可以获得集团内部的协同效应，这就是 SBI 的目标。这样一来，试图依靠简单的传统方式生存下来的传统金融业务，如"从借贷业务中赚取利息"，"通过出售金融产品收取大量佣金来增加利润"等将被"摧毁"，而且很快暴露于"非收益化"的浪潮中。对无法适应数字化转型的玩家而言，不能从中赚取收益的服务将越来越多。

从虚拟货币中看到"全球扩张"的梦想

SBI 在其他大型证券公司难以进入的领域，比如人工智能和虚拟货币领域，也具有重要的领先优势。那么我要问了，它的意图是什么？

实际上，对于虚拟货币而言，2018 年是艰难的一年。2018 年 1 月，在日本第二大虚拟货币交易所 Coincheck 出现新经币非法流出事件之后，以泡沫形式飙升的比特币，从超过 200 万日元的股价暴跌至

60 万日元，而且下降趋势尚未停止，到 2018 年年末已跌至 30 万日元左右。因此，也有不少人指出"虚拟货币正在消亡"。据 2018 年《华尔街日报》报道："数十个交易集团操纵了部分大型在线虚拟货币交易平台的市场，并在过去 6 个月中通过交易活动至少赚取了 8.25 亿美元，而有些人遭受了巨额的损失。"正如这则报道一样，目前还无法消除操纵价格等不透明的市场行为。

我预计会出现一个调整阶段，即价格上涨后出现停滞、低迷的时期。同时，不符合一定标准的"假冒"虚拟货币将被淘汰。

但是，作为虚拟货币的基础技术，区块链的巨大潜力并没有动摇。可以肯定的是，符合一定标准的虚拟货币将再次取得重大突破。

换句话说，虚拟货币市场也将经历指数型增长。

让我们再次看一下"6 个 D"。尽管货币的"数字化"导致个人投资者的资金流向虚拟货币市场，且虚拟货币市场的增长现在处于看不见的阶段，我认为这些都是"潜伏"阶段的特征。接下来，如果专业投资者（机构投资者）代替个人投资者进入市场，增加市场的稳健性，它将迎来"颠覆"阶段，转而进入爆炸式增长。只有在这个时候，才能重新给货币下定义。像素以倍式持续增长的数码相机，一下子"摧毁"了胶卷相机市场，数码相机已进入"非收益化"阶段，并随着智能手机一起迈入"非实物化"阶段，同样虚拟货币也将遵循一样的路径。

虚拟货币市场将再次繁荣。SBI 期待着这样的未来。在 2018 年 4—6 月的财务业绩报告中，北尾社长介绍说，"预计未来虚拟货币市场将从目前的 3,000 亿美元扩大至 40 万亿美元，而未来只要 10 年便可达到其一半左右"。

瞄准"金融科技 2.0"

2016 年，SBI 设立了"区块链推广办公室"，以迅速应对金融科技的挑战，并一举扩大其虚拟货币相关的服务。

SBI 正在加大对虚拟货币等数字资产相关的高科技风险公司的投资，并努力完善由以下几种业务构建而成的生态系统，即运营交易所、创建并参与衍生品市场、保障安全性、开展面向机构投资者的资产管理、提供信息、发行 Token 以及 ICO 等业务。

SBI 虚拟货币，于 2017 年 9 月注册了虚拟货币兑换公司，并开始接受新账户的办理。由于提供行业内最小的价差（买卖价格，现实中的手续费），其北尾社长所说的"以压倒性的优势成为第一交换所"即将成为现实。关于新经币非法流出事件引发的安全漏洞，SBI 将通过与英国、丹麦和中国台湾地区的世界领先公司合作，来完善其安全体制。

瑞波币，是运营汇款平台 Ripple 系统中的通用货币，已经越来越被当作国际汇款手段之一。

对瑞波币的投资，是 SBI 扩大虚拟货币市场迈出的重要一步。利用瑞波币在汇款时间和成本上具备的压倒性优势，将扩大虚拟货币作为支付手段的使用，由此形成的稳定价格将推动市场本身的成长。

仅凭这些举动就能看出，SBI 似乎呈现出指数型增长，并在不断推动完善其管理体制。

我将 SBI 的增长阶段整理如下。将证券、银行和人保等在线金融服务作为一个企业生态系统来运行，以此获得协同效应的阶段称为"金融科技 1.0"。在第一阶段中融合区块链和人工智能等新技术，来改善当前服务的阶段是"金融科技 1.5"。将区块链技术应用到所有金融交易中，并生成新服务的阶段称为"金融科技 2.0"。SBI 的目标是今后的"金融科技 2.0"，接下来将迎来真正的增长。

"以金融为核心，超越金融"

SBI 集团的终极目标并不是控制金融领域。对于 SBI 而言，包括虚拟货币在内的数字资产终究不过是其全球扩张的工具而已。

投资拥有卓越技术的全球数字资产相关公司，并利用这些来整合技术，推动 SBI 集团的全球扩张。今后，区块链将不限于金融领域，还将进入医疗保健、法律事务、房地产、零售乃至行政管理领域，它的市场规模也将不断扩大。到时候，作为战略业务创新者，为各行业提供最新技术，引领下一代社会变革，这才是 SBI 真正的目标。这也是公司口号"以金融为核心，超越金融"的真实含义。

在财务业绩报告会上，北尾社长乐观地说道："大部分业务将在今后二三年内迎来红利期。"我坚信这一定会发生。是的，SBI 现在正处于发展金融科技的"潜伏"阶段，当它进入"颠覆"阶段时，金融业将发生什么，让我们拭目以待。

更新地方金融机构

与全球化相比，"振兴地方"也是讨论 SBI 时不可或缺的关键词语。

区域金融机构现在处于瓶颈期，由于日本银行的超低利率政策已经延长，致使其主要业务融资的利润一直处于低迷状态。再加上地方普遍存在的人口减少问题，甚至威胁到了一些金融机构的生存。实际上，根据金融厅的调查显示，106 家地方银行中，超过半数（54 家）处于亏损状态。朝日新闻于 2018 年 7 月，以 90 家地方银行为对象进行了问卷调查。超过 80% 的地方银行表示，"日本银行的长期货币宽松政策"和"地区人口减少"是导致其陷入困境的主要原因。此外，超过 50% 的银行还抱怨"盈利能力难以提高"，这让人不得不担忧地方银行的经营状况。

在维持业绩的重压下，地方金融机构自身也开始出现问题。一直以来被称为"地方银行之王"的 Suruga 银行，在 2018 年 3 月被曝出篡改审查文件等非法融资问题，其金额竟高达 1 万亿日元；同年 7 月，东日本银行还被披露出非法融资和非法收取手续费等文件。尽管有些金融机构正通过跨区域重组等方法来寻求活路，但也不能从根本上解决问题。

在这种情况下，SBI 开始了前所未有的项目投资。SBI 集团试图通过与地方银行的合作，来振兴区域经济发展。SBI 的地方性战略既新颖又详尽，它不仅可以提高地方银行的盈利能力，而且还可以从整体上更新地方的商业模式。

通过合作与提供基金支持地方银行

尽管不为大众所知晓，但 SBI 集团近年来一直在积极促进与地方金融机构的合作。从 2017 年 3 月与清水银行的合作开始，到 2018 年 8 月，仅仅一年半的时间里，SBI 与 30 家地方银行达成战略合作协议，并向地方金融机构的客户提供 SBI 证券开发的金融产品和在线服务，已经建立起与地方金融机构的合作机制。

比如，SBI 与清水银行、筑邦银行合作，在当地创办了一家联合机构，为当地客户提供一站式金融服务，从而增加了托管资产和账户数量。此外，自 2018 年夏季以来，地方金融机构经手的 SBI 财产保险和人寿保险提供的产品件数急剧增加。其中，包括 SBI 财产保险提供的火灾、癌症和汽车等保险产品，以及 SBI 人寿保险提供的面向住房贷款的团体信用人寿保险。这些实实在在的业绩有利于加强 SBI 集团与地方金融机构之间的关系。

在强化与地方关系的基础上，SBI 集团已开始为地方银行提供更加具体的支持。"SBI 区域银行价值创造基金"于 2018 年 1 月成立，是其最重要的举措之一。

地方银行都在为应对日本央行的超低利率政策和人口减少问题而苦恼，但如果利用最先进的技术，那么极有可能提高企业价值。"SBI 区域银行价值创造基金"将通过投资这些有前途的地方银行（即收购股份），引进 SBI 集团拥有的金融科技相关技术，提高企业价值的同时，回收投资资金，这是一项长期的投资回报。SBI 已经向价值创造基金投资了 100 亿日元，再加上来自其他合格机构投资者的投资资金，它的规模将高达 1,000 亿日元。

还有一项具体的举措是 SBI 区域复兴资产管理公司，这是通过与地方金融机构共同出资成立的资产管理公司。利用 SBI 集团的专业知识，协助管理地方金融机构提供的专有资金和客户存款，并通过合资企业管理来支持地方金融机构开展专业人才的培育，可谓是一举两得的好事。

与区域链接全球发展的成果

这些多样化举措的核心是，推进金融科技的引入和增强区域金融机构的服务。

我在之前说过，包括虚拟货币在内的数字资产只不过是 SBI 进行全球扩展的工具而已。SBI 已决定投资拥有卓越技术的全球数字资产相关公司，并希望通过整合技术，在地方链接这些全球发展的成果，进一步强化地方业务的基础。

为此，SBI 正在迅速建立起一个系统。

系统的核心是 SBI 金融科技孵化（SBI Fin Tech Incubation）运营的"金融科技平台"。该公司是 SBI 控股（60%），软银（20%）、日本IBM（10%）和凸版印刷（10%）共同出资成立的企业。通过引入链接技术到该平台，区域金融机构将能够以低成本自由使用投资方 SBI以及其他国内外金融科技创业者提供的服务和功能。

除金融科技平台外，该公司还提供了由美国 Neobank（一家为其附属金融机构提供新价值的公司）的 Moven 开发的移动端专用银行应用程序，以及瑞士的金融应用程序运营的保险中介应用程序 Wefox 开发的保险咨询支持平台，为区域金融机构增强服务提供必要的广泛技术支持。

在 SBI 控股宣布财务业绩后（2019 年第一季度），北尾社长强调说："技术具有重振地方银行的巨大潜力。"这句话给我留下了深刻的印象。

在欧美，"平台化"已经作为银行的一种新的商业模式变得越来越鲜明，例如有一家名为"挑战银行"的新兴银行，正在推广开放式 API（一种在平台端提供的易于使用的多功能机制）。这是一种基于客户数据的协作，关键是可以在开放平台上创建多少 B2B 和 B2C 流量。SBI 还投资了德国挑战者银行"Solaris Bank"。与地方银行的合作让人觉得平台金融机构有可能诞生于日本。

有机结合三个要素的策略

货币作为金融的基础，它有能力消除不同区域、拥有不同价值观的人之间存在的差异，并实现全球化。同时，不同地域的人也能感受到不同货币持有的力量。在考虑日本的主要课题——振兴地方经济时，全球和地方对抗的想法将失去意义。从这个意义上讲，SBI 集团从金融角度将全球和地方联系起来的战略是非常合理的。

图 8-4 总结了我对 SBI 集团的策略分析，具体采用的是，我在分析国家和巨头科技公司的竞争策略时用过的"五因素法"。

虽然不能解释全部内容，但我想让大家知晓 SBI 集团发展的"全球"、"地方"和"指数"三个要素是如何有机地交织在一起并进一步形成为战略的。

全球 × 地方 × 指数

"追求事物的本质"
* 查找事物的根源
* 从多个角度去看
* 从长远看

大战略中的三个关键点
* 全球：成为全球数字资产业务的引领者
* 本地：通过加强与区域金融机构合作，为振兴区域经济做出贡献
* 指数：数字化后，经过潜伏期呈指数函数式增长

战略目标
道

* "利用互联网提供以客户为中心的服务，并将这些服务以低价提供给消费者和投资者，为社会做贡献。"
* "以顾客为中心的原则"
* "五种经营理念"
* 伦理价值观
* 金融创新
* 新产业创造者
* 自我进化
* 社会责任

"虚拟货币业务迎来天时"：在竞争中率先引入技术，不断获得成果

天时
天

时机
变化
时间

从金融业务扩大到相关非金融业务领域

市场
行业结构
比较优势

地利
地

* 日本在线证券的先行者 (1999 年设立)
* 日本金融科技（尤其是虚拟货币业务）的先行者 (2016 年设立区块链推进室)
* 率先引入 AI、区块链、RPA 等先进技术

* 由 230 家企业构建的"企业生态系统"：协同效应和相互促进
* "以金融为核心，超越金融"：从金融到生活、健康、家居，扩大地利

虚拟货币业务是实现经营理念和全球部署的重要工具

领导力
将

×

管理
法

* 领导力
* 人才
* 教育
* 用中国古典提升人的力量
* "养成君子" SBI 大学研究生院（人类学＋时务学）
* 重视伦理价值观（特别是重视"信、义、仁"）
* 自我进化（自我变革）

* 管理
* 业务、收入结构
* 生态系统
* 从金融科技 1.0 到 1.5、再到 2.0，完善规章制度
* 整顿数字资产生态系统 (9 个业务)
* 指数型组织
* 对新技术和初创企业的"投资、活用、扩散"

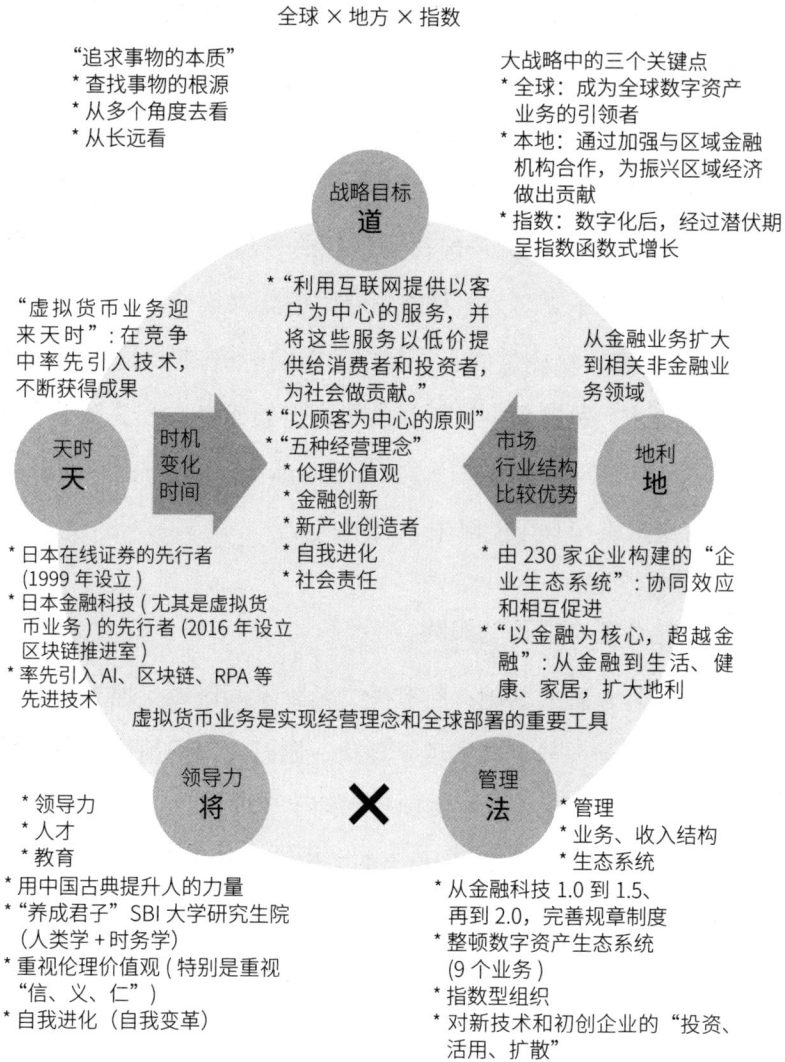

图 8-4　基于五因素法对 SBI 的大战略分析

我想再次强调，这一宏大的战略"并不是为了金融"。

正如前面所述，投资创新的技术，超越金融领域，作为战略业务创新者将新技术传播到各个行业，并引发下一代社会变革，才是 SBI 的终极目标。

随着金融科技的迅速普及，巴塞尔银行监管委员会已经预测出 5 种未来金融场景（请参阅最后一章），新的金融业务可能是与估值经济、ICO、区块链和会员费用等相结合的服务。

如此一来，亚马逊和阿里巴巴正试图在其数字业务中垂直整合金融，这对传统的以金融为主要业务的参与者构成了真正的威胁。我对以金融为主，从数字化起步的 SBI 集团充满了期待。

日本金融颠覆者应该克服的障碍

在本章的最后，我想说一些话。在我看来，在线银行和在线证券等在线金融，与数字银行和数字证券等数字金融看上去相似，但其实内容完全不同。

二者之间的本质区别就是，金融应该发挥其本来的作用，为客户提供真正的基于客户导向产生的客户体验，并获得客户对金融最重要的信用和信任，而且必须保持像初创公司那样的快速企业文化。

从这些条件上看，本章讨论的四家金融颠覆者，每一个都有自己应该克服的障碍。突破这些壁垒的真正的金融科技公司和数字金融会出现在日本吗？可以说，这是日本通往未来金融世界的转折点。

第 **3** 编

现有金融机构的反击

第 9 章

高盛和摩根大通的决定

新一代金融业的霸权之争，是现有金融机构与科技公司之间的一场战斗。

其实，对科技公司而言，它们没打算变成金融机构。因为它们不需要，也不想成为金融机构，它们只想通过技术垂直整合金融业务。

另一方面，现有金融机构可能被迫做出否定自我的决断。而且现有金融机构正在加速向科技公司转型。

这场斗争的爆发地在美国。因此在本章中，我们将关注美国金融机构的发展趋势，以及其主要参与者高盛和摩根大通。

雷曼冲击和金融科技的崛起

雷曼事件引发的混乱是众所周知的。

由于美国金融体系陷入危机，美国政府投入了 70 万亿日元的公共资金，试图拯救濒危的金融机构。在雷曼事件爆发后，则几乎没有大型金融机构不接受国家资本入驻。后述的高盛集团，更是从沃伦·巴菲特（Warren Buffett）领导的伯克希尔·哈撒韦投资公司获得 50 亿美元的出资，才得以存活。同样，摩根士丹利也得到了日本三菱日联集团（MUFG）的救援。

当时，对美国金融机构的批判也达到了顶点。"忽略顾客的感受，无所顾忌的谋利，等泡沫经济破灭后，再用国家的钱，或者说是市民缴纳的税金来救援？"这已然超出了批判的层面，市民中自然而然地爆发出一种强烈的厌恶情绪。

据说，这种厌恶情绪为科技公司的金融服务带来了机遇，即促使金融科技兴起。民众们期待着新的金融参与者来取代现有金融机构，因此出现了利用不断进化的技术满足民众期望的新金融参与者。

"贝宝（PayPal）黑帮"

作为美国金融科技的鼻祖，其代表玩家是在线支付服务贝宝。它是为个人与个人、个人与小企业之间的交易提供中介服务，而且十分安全，因为它不需要将银行账户或信用卡等支付信息告知给对方。

贝宝成立于1998年，2002年被亿贝（eBay）收购，2015年再次被分拆出来，自此后便一直保持高速增长。现在，它已成为超过2.5亿人在使用的支付服务工具。

需要指出的是，贝宝给包括金融科技在内的科技行业带来了巨大的影响。贝宝被亿贝收购时流失了许多"元老级人才"，他们被统称为"贝宝黑帮"，这些人利用其网络和资金力量，不断成立新的企业。

其中的代表之一就是经营电动汽车特斯拉的埃隆·马斯克（Elon Musk），早在2002年他就创办了火箭开发公司Space X，并进军太空事业。除此之外，"贝宝黑帮"还包括领英（LinkedIn）的创始人里德·霍夫曼（Reid Hoffman）和YouTube的创始人之一查德·赫利

（Chad Hurley）。有趣的是，这些初创企业实现跃进式发展的背后，总少不了贝宝出身的人才，"贝宝黑帮"成员创建的初创企业中，已有 7 家成长为独角兽企业，由此也能看出他们的存在感。

"教父"的智谋

"贝宝黑帮"的教父是彼得·蒂尔（Peter Thiel）。他是贝宝的创始人之一，现在以投资者和对冲基金经理的身份，不断投资各种公司。另外，彼得·蒂尔也是脸书的第一个外部投资者，他曾向脸书投资 50 万美元，上市后转手又以 10 亿美元卖出。

每当贝宝出身的人创办企业时，彼得·蒂尔都会投资。因此他投资了许多金融科技公司，包括健康保险在线平台奥斯卡（Oscar Health）、用于比特币支付的 BitPay 以及用于家计和资产管理服务的 Mint 等。

彼得·蒂尔还是科技公司的"教父"和思想上的领导者。总结他创业历程的著作《从 0 到 1：开启商业与未来的秘密》（Zero to One: Notes on Startups, or How to Build the Future）是创业者的必读书目之一。

这本书的书名意思是"从头开始创建"。彼得·蒂尔在书中说："复制内容当然要比创建新内容更容易。因为如果重复熟悉的方式，只会带来数量上的增加，即 1 变成 n。但我们创建新内容的时候，每次都可以实现从 0 到 1。创建事物的动作仅需要执行一次，但是却可以从中产生任何人都未曾见过的全新事物。"

如果不对创建新事物这一艰巨业务进行投资，美国的企业就没有未来。无论现在赚取的利润有多大，通过利用原有业务来迎合当今时代，以便继续确保利润的话，那么这些企业的结局将会是什么？可怕的是，它们的结局将比2007—2009年的环球金融危机中倒闭的企业更加悲惨。现在的"最佳实践"将最终陷入僵局，还未被尝试的新事物才是"最佳"方式。

寻找可以垄断的市场

在这本书中，他提出了"避免竞争，以垄断为目标"的理念。彼得·蒂尔认为确立垄断的商业模式可以决定企业的永续存在和发展。

"每个初创企业都是从小规模开始的，每个垄断企业都控制着绝大部分市场，因此任何一家初创企业都应该从小微市场做起。如果失败的话，在小微市场上就失败反而更好。道理很简单，小市场比大市场更容易控制。……一旦创造并主导了小微市场，就可以逐步扩展到稍大一些的相关市场。亚马逊就是这么做的。杰夫·贝佐斯（Jeff Bezos）自成立亚马逊以来，就抱有控制所有在线零售市场的愿景，他非常有意识地从书籍市场开始。……亚马逊逐渐扩展了其业务种类，终于成为世界上最大的百货商店。"

彼得·蒂尔独特的"反向扩张"思维让他发现了可以垄断的市场。《从0到1：开启商业与未来的秘密》的第一章也是从"几乎无人赞成的重要真相是什么？"这一振聋发聩的问题开始。

即使在现在的金融科技界，活跃的"贝宝黑帮"也十分引人注目。迈克斯·莱文（Max Levchin）推出了在线支付解决方案Affirm，普雷茉·沙赫（Premal Shah）推出了小额贷款网站 Kiva，比尔·哈里斯（Bill Harris）也成立了智能投资顾问（Robo-Advisor）的智能投顾平台 Personal Capital。

当然，领导美国数字支付革命的贝宝本身也在不断地创造新事物，并积极地实施并购，继而吸纳金融科技领域的创新成果，以实现持续稳定的增长。

大型金融机构的反省和摸索

雷曼冲击后，大量人才流出大型金融机构，其中有部分人才便流入了金融科技公司。金融科技公司在接收这些熟悉金融知识的精英后，在科技和金融领域得到了双向同步的发展。

但是金融科技市场并没有被新兴的金融科技公司所垄断。

在雷曼冲击的惨痛复原过程中，现有金融机构在反思自己的经营方式的同时，开始尝试摸索新的金融模式。高盛和摩根大通是现有金融机构的两大巨头，但它们也是最早启动数字化转型，并在金融科技领域取得显著成果的其中两家公司。

摩根大通首席执行官杰米·戴蒙（Jamie Dimon）关于变革即将到来的发言具有象征性意义。JP 摩根以前在信用评级上曾落后于花旗集团，后通过与大通的合并经营得以生存。不过现在，它却成了美国名副其实的顶级金融机构。这与戴蒙推动的"向科技企业蜕变"的成功战略有很大关系。

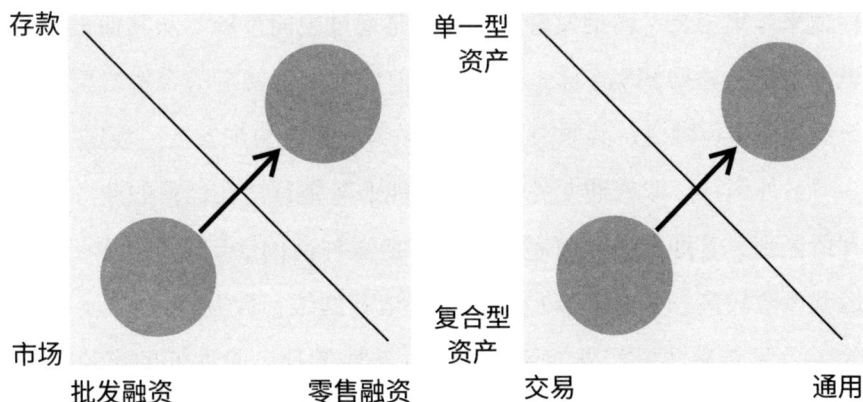

图 9-1 《金融危机后银行业的结构性变化》要点

发挥应有的作用

雷曼事件过后，美国金融机构发生了怎样的变化呢？

自雷曼冲击发生后，到 2018 年春季以来，各相关部门已经发表了许多报告，其一便是 BIS 全球金融系统委员会出版的报告书《金融危机后银行业的结构性变化》（*Structural Changes in Banking after the Crisis*）。这本报告书的论述内容详尽而深刻。在此，我想根据日本证券经济研究所发行的简约版介绍该报告书的要点。

BIS 报告书中将银行分为 4 种类型，即零售融资银行、批发融资银行、普通业务银行和万能业务银行。

其中，零售融资银行和批发融资银行主要在筹集资金上存在差异。零售融资银行主要通过存款业务，即通过收集普通消费者的少量存款来筹集资金；而批发融资银行则是通过中间市场等从其他银行那里筹集资金。据 BIS 宣称，雷曼冲击前倾向批发融资的金融机构现已纷纷转向零售融资，其原因是通过存款筹集资金更加安全、稳定。

另外两种，即普通业务银行和万能业务银行，在运营的业务上也有所区别。普通业务银行就是"像雷曼事件前的美国金融机构那样，运营风险较高，并且需要巨额资本来运营的银行"，而万能业务银行除了运营交易性资产外，还运营"收益性低且风险性低的高流动性资产"。

总而言之，雷曼冲击前后的变化可以总结为：从批发融资转向零售融资，以及实现从普通业务到万能业务的转变。也就是说，现有金融机构意识到要控制风险，积极应对，从而发挥金融应有的作用。

以科技企业为目标

如果从全球规模来看雷曼事件对金融行业造成的影响，那么大家会发现这种影响是有地域差异的。

欧洲的金融机构，以德意志银行为首，都没有从雷曼事件中恢复过来。希腊等国出现了债务危机，不仅民间银行，就连国家自身也陷入了危机，ROE 和贷款量更是没有恢复到雷曼危机前的水平。在此期间，欧洲的银行减少了国际业务和海外网点。来自市场的评价也一直都比较低。

与欧美企业相比，日本的金融机构受到雷曼事件的打击相对要轻一些。随着一部分欧洲金融机构的撤退，日本本土银行的海外事业有所增加。另外，中国和一些新兴国家也没有受到雷曼事件的较大影响。

与这些国家相比，美国的金融机构虽然遭受雷曼事件的打击较大，但是应对也非常迅速。

首先，通过政府的资本注入迅速修整和改善资产负债状况，并迅速强化相关规章制度。其次，雷曼事件爆发后，各国金融当局为了防止危机的再次发生，加强了银行的健全性规制（《巴塞尔协议》），其中包括自有资本比率、杠杆率、流动性规制等。此外，还引入了将高风险业务与银行分离的美国"沃尔克规则"和英国"栅栏原则"，虽然所有这些行动都倾向于抑制交易活动，但是美国银行仍然在推进这些应对措施。

最后，美国金融机构大胆执行了"选择与集中"策略。"选择与集中"策略有三个点，分别是事业、地区和顾客。对于每个点，他们都做出了"1—继续、2—加强、3—退出"的选择。

可以说，美国金融机构的数字化转型也是这种大胆的"选择与集中"策略的一环。

高盛："最优秀与最聪明"的选择

作为美国金融机构反击的代表，首指高盛集团。

先让我们对高盛做一个 3C 分析，这样也可以看到美国金融机构向科技公司转变的必然性。

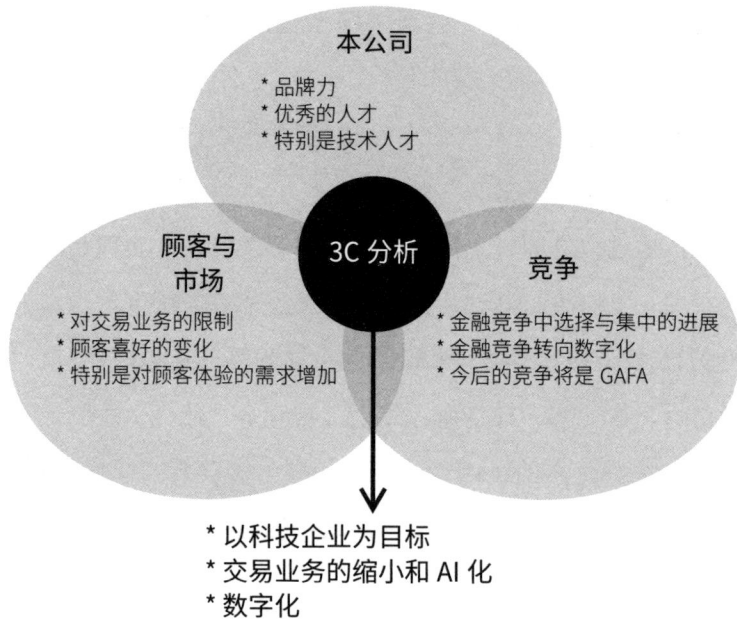

图 9-2　高盛公司的 3C 分析

本公司
* 品牌力
* 优秀的人才
* 特别是技术人才

3C 分析

顾客与市场
* 对交易业务的限制
* 顾客喜好的变化
* 特别是对顾客体验的需求增加

竞争
* 金融竞争中选择与集中的进展
* 金融竞争转向数字化
* 今后的竞争将是 GAFA

* 以科技企业为目标
* 交易业务的缩小和 AI 化
* 数字化

　　首先是，Company（公司）怎么样？虽说高盛集团给人的印象是在雷曼冲击下多少有些受损，但在当今的金融业界，它仍享有首屈一指的信誉度和品牌影响力。高盛拥有非常优秀的人才资源，其招聘时只选择"最优秀与最聪明"的人。他们的主打业务是交易投资，因此吸引了大量来自理工科和技术科的优秀人才。

　　其次，Customer（客户／市场）如何呢？在市场因素中，最重要的是对交易操作的监管。随着监管力度的不断加强，曾经的核心业务——交易业务带来的利润已大幅度降低。根据高盛年度报告显示，2006 年交易营收占纯利润的 68％，但到 2017 年已下降至 37％。相反，公司的本业投资银行部门，也就是股票和债券承销以及并购咨询业务正在不断扩大。由此可见，高盛集团正在向不受金融商品市场行情影响的业务进行结构性转变。

为了迎合这一转变，投资银行部门出身的苏德巍（David M. Soloman）于2018年出任高盛首席执行官，投资银行部门的约翰·沃尔德隆（John Waldron）则出任首席运营官。过去的高盛集团，其历任经营者都是出自交易部门。但是，他们担心高盛依靠交易业务将无法生存，所以便更换了管理团队。

最后，Competitor（竞争对手）怎样呢？ 推进数字化转型的金融机构管理层已经意识到即将到来的竞争对手是GAFA。毋庸置疑，这些兴起的背后原因就是金融科技。科技公司提供的客户体验，正好迎合了厌恶现有金融机构的客户的需求。高盛集团分析，其现有金融服务带来的4.7万亿美元收益将被竞争对手带走。

从以上的3C分析可以看出，高盛的目标是成为一家科技公司，缩小交易业务，实现AI化，实现数字化转型。

用AI对核心业务进行重大改革

高盛因其交易业务的萎缩和AI化备受关注。显然，这是为了应对来自科技公司威胁的策略。

2018年4月30日，高盛总裁苏德巍在加利福尼亚州比弗利山庄举行的米尔肯实验室全球会议上表示："在股票交易方面，15到20年前我们有500多人负责定价业务，但现在只用3个人。"

苏德巍说："在交易业务中引入更多技术，对客户而言效率提高了，但也带来了新的风险。"而对于高盛，这将带来人员配置的转变，现在公司雇用了 9,000 名工程师，同时也增加了相应的专业监管人员。

苏德巍还表示，高盛对机器学习，以及基于过去市场经验进行预测方面做了巨额投资，而且他认为速度已经变得"比资本重要得多"。

如果是辅助业务倒也罢了，如此大幅度地改革以前的主要业务，足以表明高盛的"认真程度"。

传统的影子

让我们回顾一下，高盛到底是一家什么样的公司？

高盛是一家名副其实的具备权威和品牌影响力的金融机构，这里聚集着最优秀与最聪明的人才，历届的财政长官等管理层人员更是人中之龙。

在组织方面，高盛一直秉承着"顾客至上"的优秀经营理念。另外，传统投资银行的合作文化也得以保留。因为伙伴关系制有分摊风险和收益的一面，所以会形成牢固的伙伴意识。合作伙伴参与各种各样的业务，最高管理层制定团队决策是高盛集团的传统。虽说在雷曼事件中受到了重创，但是其组织整体的风险管理能力非常出色。

在这种传统影响下，高盛的组织文化优势体现在对组织和团队合作的重视程度上，这一点要远高于同行。高盛集团内部共享同一种文化，即重视共同承诺，爱惜人才，长期以来通过深谋远虑的严谨行为方式，不断改善和优化组织。

但是，以顶级权威和品牌影响力著称的投资银行，高盛在雷曼危机前后也被批判过于"傲慢"。并且因为他们的高收入，很快成为人们谴责和厌恶的对象。

这一点在美国商学院毕业生的就职活动中就得以体现。例如，在我曾就读的芝加哥大学 MBA 专业，大家找工作的首选目标就是高盛和摩根士丹利等投资银行。此外，还有一种流行的模式，就是先在麦肯锡、波士顿咨询集团等战略咨询公司或其他运营公司工作一段时间，然后选择自主创业。

而现在，名牌大学的毕业生都以供职于 GAFA 这样的科技公司为目标，而不是金融公司。高盛员工们拥有的骄傲和自豪早已大不如前。

全面开展数字化战略

在讨论今后的高盛集团时，不可或缺的就是接下来要叙述的数字化战略。相较于其他公司，高盛的数字化战略涉及整个金融机构。之前介绍的交易部门 AI 化只不过是其先行例子之一。数字化已经进入号称金融机构命脉的风险管理部门。

高盛对科技领域的投资也不容小觑，仅 2015 年科技投资支出就高达 35 亿美元。除对金融科技企业投资外，高盛还积极支持企业的 IT 开发，在不断推动交易等现有业务的自动化、高度化、效率化的同时，还不忘专注于开发创建新业务。

高盛集团中，科技人才占比也在显著增加。在晋升总经理的人数中，2004 年工程师占比是 1/16，2015 年已上升到 1/6。而且从整个集团来看，2015 年 9 月末，集团共有员工 37,000 名，其中 11,000 名是工程师，在 11 个部门中均属于最多。此外，市场基础设施的专利数量高达 90 件，超过第二名摩根士丹利一倍多。

强化数据收集与分析

作为高盛集团数字化战略的组合，这里重点介绍 Data Lake（数据湖）、Marquee 和 Marcus。

与其他公司相比，高盛公司的数字化战略本质在于，加强数据的收集和分析，强化风险管理系统，提高决策的速度。

比如其中之一的"数据湖"，里面汇集的不仅是关于交易和市场的调查信息，还有来自邮件、SNS、博客记录中得到的所有相关数据。通过 AI 分析这些数据，然后提供给客户。高盛管理层的马蒂·查韦斯（Marty Chavez）说道："有些客户不想冒险，而有些客户却在追求风险。我们的工作是帮助他们实现愿望，这便是高盛集团的服务根基。如果客户在考虑规避风险或追求风险时不给我们打电话，不向我们咨询，那么我们将无法开展任何业务。""高盛之所以有价值，正是因为它拥有庞大的数据量。我们的工作就是让客户愿意联系我们，这也将带来惊人的信息量。利用这些信息为我们的客户提供更好的服务，这就是我们的工作。"

Marquee 是一个法人客户可以在其公司内部使用的风险管理和分析工具平台。它可以提供用于获取和研究市场数据的 GS Markets，以及用于销售和预交易的 Simon 等应用程序，从而可以提高交易的速度和透明度。

来自消费者数字银行 Marcus 的冲击

最有趣的是 2016 年 10 月开始的 Marcus，这是一款面向普通消费者的公共在线金融平台。2016 年，在强大的移动策略下，高盛对其业务进行重组创立了 Marcus。这是高盛推出的面向零售的 GS Bank 数字银行业务。

高盛已转型为控股公司并获得了银行牌照，进而实现了零售融资。尽管如此，"高盛加入零售银行"这一消息还是震惊了业界。

高盛是一家面向机构投资者的金融公司，在其原始业务中仅与大型跨国公司交易，极少与个人往来。在某些情况下，它也为富裕阶层提供私人银行业务，但仅限于资产在 1,000 万美元以上的客户。

但是，Marcus 的目标客户群是普通消费者，业务是面向他们提供无抵押个人贷款和储蓄账户。无抵押个人贷款可以为信用等级较高的客户提供最高 4 万美元的贷款，还款期限为 3—6 年，无手续费，只收固定利息。根据申请人的信用评分、过去的还款记录、还款期限、借贷目的等，利率在 6.99%—24.99% 之间浮动。

影响公司的命运

Marcus 通过固定利率，无手续费，自由设置还款日期，回应了公众对传统金融服务的不满。由于整个借贷过程在线完成非常简洁，再加上"对消费者友善"和"易于偿还"而大受好评。另外，Marcus 还可以开设最低 1 美元的储蓄账户，利率为 2.25%，远高于美国平均水平的 0.66%。

这些以消费者为中心的服务发挥了功效，Marcus 正在快速增长，目前存款超过 300 亿美元，贷款也超过 40 亿美元，现正在考虑进军日本市场。

关于 Marcus，前首席执行官劳埃德·布兰克芬（Lloyd Blankfein）说："我认为 Marcus 将在未来几年影响我们的命运。"

"消费者的关注点已经从传统的实体分支机构转移到利用技术满足消费者需求的解决方案类型，在这个时机下我们成立了 Marcus。我们可以利用稳定的财务基础、卓越的风险管理能力和技术，使高盛成为消费者金融的'破坏者'。"

"在线消费者金融方面，我们的业绩并不长久，鉴于强劲的市场需求，我们正在寻找更多的投资机会。今后我们还打算直接或经由合作伙伴逐步扩大借贷商品的销售。"

在目标客户上，从富裕阶层向普通消费阶层转变。

在服务理念上，从傲慢的高盛转型为对消费者友好的高盛。

特别值得注意的是，高盛在各个方面给出的最优秀和最聪明的回答是数字银行。它提供的不仅仅是现有银行业务的在线移交，而是客户至上的服务理念以及对追求客户体验的重视。因此 Marcus 完全具备了入主新一代金融行业的条件。

2019 年 3 月 25 日，苹果在新服务发布会上宣布，将发行与高盛联合推出的信用卡"Apple Card"。虽然高盛还没有拿出作为发行公司的业绩，但苹果却选择它作为发行公司，原因就在于高盛拥有的品牌力和信誉。对于高盛而言，这是获得苹果高级优质个人客户群的绝佳机会，也有助于 Marcus 的业务拓展。在信用卡业务领域，虽然苹果和高盛的组合属于后发者，但其爆发力绝不容小觑。

摩根大通：对 IT 年均投资 1 万亿日元

与高盛一样，摩根大通是一家致力于数字化转型的美国代表性金融机构，摩根大通每年在金融科技领域的投资超过 1 万亿日元。该公司技术创新负责人乌玛·法鲁克（Umar Farooq）曾说："我们是唯一拥有区块链平台的非科技类公司，在（除了区块链之外）数据科学、机器人技术和人工智能方面，我们聚集了各领域的世界顶级人才，并形成了一个专业团队。"

摩根大通，包括其商业银行和投资银行，是成功扛过雷曼冲击的金融机构。2011 年 11 月，它的资产超过美国银行，成为美国最大的银行，2010—2015 年的净资产收益率一直稳定在 10% 左右。

硅谷来了

几年前，摩根大通的首席执行官戴蒙说过："硅谷即将到来。"从该声明可以看出，随着互联网公司的兴起，现有金融业充满了危机感。因此，戴蒙认为应该大胆投资强化部门，比如他提出向金融科技领域投资 1 万亿日元的方针，与此同时缩小现有业务来彻底削减成本。

戴蒙在 2018 年年初曾公开表示"再干 5 年"，今后他将继续发挥自己的领导才干。总的来说，不贪图短期利润，而是从长期视角进行经营管理。摩根大通或许接触数字化的时机比高盛晚，但它是最早决定数字化的金融机构之一。

摩根大通也在积极与科技公司展开合作。摩根大通于 2016 年启动了"驻地"计划，通过邀请金融科技公司进驻办公室来支持业务开发。在金融科技领域投资的 1 万亿日元中，有 30 亿美元将被用作风险资本等新投资。2018 年，摩根大通宣布将与亚马逊和投资公司伯克希尔·哈撒韦达成战略合作，共同开发与医学和医疗保健相关的并购业务。此外据报道，2020 年摩根大通将在硅谷建立一个拥有 1,000 多名员工的金融科技基地。

面向个人的综合数字服务

摩根大通最引人注目的是，开通了面向个人的综合数字服务。这不仅已经超越了现有的银行业务，还将顾客的"日常生活"本身数字化。这点与中国的阿里巴巴和腾讯有重合的地方。具体来说，就是将客户的消费动向分析、家庭收支管理等与金融服务相关的生活服务全部纳入数字化范围。这种"关注日常生活"的视点，并不局限于普通消费阶层，也积极面向富裕阶层提供服务。

其中最具亮点的是移动银行应用程序 Finn。对于讨厌实体商店而喜欢在线购物的千禧一代，所有服务均可通过智能手机完成，尤其是"在网上 5 分钟就能开设一个账户"，"用户可以事先设定什么时候把存款从支票账户转到普通账户"等功能更令他们欣喜若狂。

如果从每个功能来看，Finn 就是诸多金融科技公司提供服务的后来者。但是，与金融科技公司最大的不同在于，Finn 将每个功能与支票存款或活期存款结合起来开展业务。也就是说，Finn 的独特之处在于，它从金融服务的核心到周边都有涉足。

在日本和美国，迄今为止还没有出现像中国的支付宝或微信支付这样的，试图以应用程序为入口主导整个金融服务的金融参与者。日本和美国的金融科技仅仅停留在其周边领域。

但是摩根大通正在通过 API 构建开放平台，同时推进企业本身的金融产品开发业务。

现有的金融机构擅长为客户创造有吸引力的金融产品。而摩根大通以 Finn 为切入点，有望将其业务扩展到股票和共同基金。如前所述，阿里巴巴面向支付宝用户开发了一种新的投资产品，摩根大通应该也可以做到这一点。

2019 年 2 月，摩根大通宣布计划发行自己的虚拟货币 JPM coin，这是美国的银行初次尝试面向企业提供快速支付的服务。关于虚拟货币，戴蒙认为其最大的劣势在于过高的波动率。因此，摩根大通把虚拟货币与美元挂钩，以此来缓和虚拟货币的过高波动性，确保了其作为新支付手段的稳固地位。在美国和美洲地区，区块链技术的实际应用已经正式开始了。

美国不变的部分

无论是摩根大通还是高盛集团，都是各自领域中最具影响力的金融机构，同时也都拥有极大的影响力。凭借这种势力，这两家金融机构在政治、经济、社会的各个方面都具有不容忽视的影响力。有人推测说，GAFA 不能设立银行，很大程度上也是因为受制于它们的政治力量。

鉴于此，美国将与中国不同：在中国，像阿里巴巴和腾讯这样的大型科技公司已然接管了金融业；而在美国，高盛和摩根大通等顶级金融机构在推动数字化转型的同时，可能会垂直整合并发展在金融周边领域诞生的金融科技。中国的阿里巴巴和腾讯可以面向在美中国人提供服务，但是面向美国当地人正式开展服务是不容易被允许的。同样的，GAFA 被允许提供促进其自身发展的金融服务，而与高盛和摩根大通的直接竞争相关的行动今后也可能会被阻止。

在日本，运营公司成立银行相对容易，但是在美国，对控股公司和集团公司的限制等因素导致运营公司难以设立银行。因此，即使是在新一代金融领域，区别看待变化的部分和不变的部分也很重要。

第 10 章

日本银行的数字化转型

摆脱传统银行业务

在争夺新一代金融业霸权的战争中，最艰难的莫过于日本的大银行了。

与第 9 章介绍的美国金融机构相比，日本在金融数字化转型方面已处于落后地位，这点不可否认。尽管金融颠覆者正在开发提供优质的用户界面以及用户体验的客户接触点，但大型银行与顾客的联系至今仍停留在柜台窗口和 ATM 机的商业模式。

外界环境正在朝着不利于大银行的方向变化，这一点从数据上看也很明显。

例如，随着智能手机和平板电脑的普及，银行正在飞速"向移动端转移"。在美国，用户选择银行的决定性因素已经改为"移动服务是否完善"。

根据商业内幕情报（Business Insider Intelligence，以下简称"BII"）的调查报告指出：在移动银行客户中，有 64% 的人在开设账户前调查了该银行的移动银行服务，有 61% 的人表示在移动银行不好操作的情况下会选择去银行。

另外，三菱日联金融集团，到 2016 年为止的 10 年间，到访银行窗口的客户减少了约 40%，而其在线银行的利用率 5 年间增加了约

40%。

在美国和欧洲，同样受"向移动端转移"的影响，银行的分支机构相继倒闭。

日本大银行对这些苦境也深有体会。它们否定了传统金融机构的老派行为方式，开始摸索新时代的数字化银行发展模式。

其共同的行动包括使用大数据和 AI 来提高运营效率，开发新服务。作为传统大银行的"遗留产物"，阻碍其变革的各分支机构和大量员工也在被重新审视。三菱日联计划到 2023 年为止，将有窗口接待的分行数量减半，然后增加自动化程度较高的新一代分行。瑞穗也计划到 2024 年将其所有网点转变为新一代分行，同时减少 100 家分行。三井住友表示，也将所有的 430 家分行转型为新一代分行。

与金融科技公司合作

与金融科技公司联手开发新服务也是一个显著的动向。与利用自己开发的服务对抗金融科技公司的企业不同，日本的大银行以开放式创新为目标，提供可培育金融科技的创业项目，并投资有前途的初创公司。例如三井住友金融集团（SMBC），与硅谷和纽约的加速器创新创业公司建立了合作关系，在当地设立了据点。在日本东京涩谷区，三井住友金融集团成立了一个名为"Hoops Link Tokyo"的创新中心，旨在建立一个由多元金融科技参与者组成的生态系统。

与可能颠覆自身的新兴金融科技公司共同携手创造而非一争高下，乍看之下这似乎是一种利益冲突的策略，但其实这种联手为大银行和金融科技公司双方都带来了好处。《金融科技的冲击》一书中列举了 7 条对金融科技公司的好处：

①可以向现有金融机构的客户提供贷款

②增加自身知名度和消费者信赖度

③提高对复杂金融管制和法规章程的理解

④能够获得风险管理技术

⑤提高资金筹措能力

⑥有访问全球结算系统的权限

⑦不用单独获取银行执照

通过与金融科技公司合作，现有金融机构还可以享有以下好处：

①不受传统系统的限制，可以尝试新想法

②可以利用大数据、人工智能等尖端技术为顾客提供服务

③能够以低于以往的成本，迅速为客户提供贷款等服务

④将可能在迄今为止无法进入的小微市场领域提供服务

⑤改善客户体验，并有望开拓千禧一代等新客户群体

实际上，到目前为止，日本的银行与金融科技公司之间的合作是违反银行法相关规定的。但是，随着 2018 年 6 月修订的新《银行法》实施以来，情况发生了变化。日本金融厅在明显察觉到日本已然落后

于世界金融科技潮流的情况下，主导大银行引入一种将数据与金融科技公司联系起来的"开放API"，这将进一步加速大银行与金融科技公司之间的合作。

受此影响，日本大银行加快了数字化转型的步伐，以下是对日本各大银行对策的概述。

三菱日联金融集团：打破创新困境

在数字化转型方面，日本的先行者是三菱日联金融集团。之所以称之为"先行者"，我会在本部分的最后说明理由。

三菱日联于2017年9月发表了"数字化转型战略"，并宣布对传统银行业务进行改革，改革的四大支柱是商业、文化、过程和社会，具体措施可详见2017年5月颁布的《三菱日联再创造倡议》。另外，通过"基于数字化的业务变革"，营业纯利润将达到2,000亿日元。

能否成为让优秀工程师活跃的组织

在改革过程中，三菱日联设立了新职位，即首席数字转换官（CDTO）。此外，还成立了数字企划部，旨在通过活用外部知识经验来摆脱银行职员以往的思维模式。

首席数字转换官由首席信息官龟泽宏规兼任，他也是数字化转型方面的最高负责人。

首席数字转换官可能不被大家所熟知，但该职位是推进数字变革的指挥官，而且对该职位人选的要求非常高。如果是针对零售银行的数字化转型，那么就必须要熟悉零售业务，同时熟知传统金融系统和GAFA等科技巨头的最新技术。此外，还必须追踪阿里巴巴和腾讯等金融颠覆者的最新动向。这样的人才在大型银行中甚为少见。

除了首席数字转换官，数字化转型过程中还需要有优秀的工程师。如何吸引、录用并留住金融颠覆者也想要的优秀工程师，这也是首席数字转换官的工作。而这项工作的开展十分艰难。即便可以聘请最优秀的工程师，但是如果不能提供一个可以让他们充分施展才能的工作环境，他们也会很快辞职并进入到竞争对手的公司。

首席数字转换官需要在如此广泛的领域发挥领导能力，不仅仅是三菱日联，其他各大银行也都设立并任命了首席数字转换官。被选拔胜任该职位的优秀人才中，许多被认为是下任行长的候选人，也是因为这个原因，所以要求高。

日本的大银行能否在金融数字化转型中生存下来，关键在于"能否吸引优秀的工程师，促进他们自主工作，更新营造出初创企业般的组织文化，从而产生创新"。

渠道革新与业务效率化

三菱日联的"基于数字化的业务转型"，是对2018财年启动的《中期管理计划》中确定的11项结构性改革支柱进行的横向推广。这也可以证明三菱日联抓住了数字化转型的本质，即"从企业的本质进行革新"。

　　说到其具体举措，首先是强化渠道。比如扩展智能手机应用程序和电话自动应答等非面对面渠道，这样就不必特意去实体分行办理银行卡或存折的重新开户、更改地址等业务。随着到访分行客户的减少，选择在线支付的用户增加等交易风格的不断变化，可以为客户提供多元化的交易渠道。

　　同时，人力化渠道也会革新。三菱日联计划将日本 500 家有人值班的分支机构中的 100 家分行转换成新型分行 MUFG NEXT。该新型分行的特点是可以自动缴纳税收和公共服务费用，另外还设有通过电视电话向操作员咨询的窗口。这样可以提高店面的办公效率，最重要的是每家分支机构只需要安排 2—3 人就能运转。

　　通过谋求渠道的多样化和分支机构业务的自动化，为顾客提供随时随地都能连接服务的、无固定位置的渠道。

　　此外，三菱日联还在推进人工智能和大数据的应用。例如在服务台与票据处理、检索、营业支持和审查等五个业务方面鼓励用 AI 来代替，未来 10 年约 40% 的这些业务将被 AI 取代。

　　三菱日联已于 2016 年开始基于 RPA 的业务流程改革。RPA 是指，用机器人代替个人在计算机上执行一系列任务，通过业务自动化来提高效率。适用业务包括抵押贷款文件的审查、国外汇款相关服务、股东大会议案的通知、支付数据的分析以及银行间结算的相关服务等。RPA 今后将继续提高效率，最终将应用到 2,000 多种业务之中。

促进区块链的应用和开放创新

本来三菱日联就是银行巨头，最近更因为推进基于区块链的虚拟货币开发而受到关注。它立足于支付数字化的潮流，从日常支付到企业间汇款，再到银行间的结算，设定各种各样的使用场景并反复实证。

其实证之一就是引入 MUFG coin，由于银行发行，价值稳定（1 MUFG coin=1 日元），解决了虚拟货币一直以来"波动率过大且不稳定"、"货币发行者不明"等问题，今后将被用作可信赖的支付基础设施。另外三菱日联还与外部企业合作开发新服务，例如，2018 年 3 月，以"活用 MUFG coin 的商业"为主题，通过举办编程马拉松等方式，不断探索新的金融服务。

龟泽说过："不想只做成一个单纯的节庆日，优秀的想法都将会考虑用于商业化。"龟泽还表示，"也在设想构建全日本平台"。此话暗示了与其他银行合作的可能性。

此外，三菱日联在积极参与互联网企业擅长的开放创新。

三菱日联通过"MUFG API 门户网站"向外部公开金融服务的功能，并积极与外部企业合作，为快速开展新的金融服务奠定了基础。而且三菱日联在海外成立了全球创新团队，加快与当地金融科技公司合作，并积极开展实证实验。到目前为止，三菱日联已经在硅谷、纽约、新加坡和伦敦设立了办事处。

另外，日本数字设计公司成立于 2017 年 10 月，是将以前的内部组织扩大成"创新实验室"，然后独立而成的一家公司。通过与外部工程师和 34 家地区金融机构合作等方式，来推动开发创新的客户体验并降低社会成本。

2015 年以来，三菱日联也在支援为金融服务带来变革的企业家和风险企业，并致力于探索业务合作的"三菱日联数字加速器计划"的实施。因此，"三菱日联集团将全力以赴，通过草拟业务计划，支持原型建设，然后根据业务计划的方向选择合作伙伴以及成立联盟等，以全面支持向商业化的迈进"，其最终目标是创建新的业务。

三菱日联的另一个特点是，它正在进行脱胎换骨的文化改革。它的思维方式已经从"做到万无一失，不许失败，不苛责机会损失"转变为强调"重视速度，鼓励挑战，从失败中学习"等。由此也能看出三菱日联"从企业的内核进行数字化"的决心。

物竞天择，适者生存

最后，我想指出的是，三菱日联总裁平野信行先生在谈到数字化转型时常说的一句名言，那就是"要积极竞食"。这里面的"竞食"是指现有事业和新事业互相蚕食的意思。在创新理论中，"创新困境"被认为是企业颠覆性创新的最大障碍。

在美国，"最强大的金融颠覆者"亚马逊的首席执行官贝佐斯也敏锐地捕捉到了这种"创新困境"。亚马逊作为一家巨头企业，却仍然在尝试以颠覆性创新者的身份取得成功，而助其成功的原因之一便是贝佐斯毫不犹豫地蚕食了现有业务。

Kindle 就是一个很好的例子。亚马逊是一家以互联网书店起家的公司，所以电子书有可能与之形成竞争关系。但是，贝佐斯将时任图书部门主管调到了数字化部门，并对他说道："接下来你的工作是打破你一直在做的事，希望你能夺走所有纸质书商的工作。"

一般人总是因为害怕现有事业被破坏而不敢大胆地制订计划，而三菱日联的总裁平野先生反倒在提倡"竞食论"，试图像亚马逊一样打破"创新困境"。外部有传言称，关于银行与信托的合并在三菱日联整个集团内部引起了分歧。但我认为这正是平野先生从长远的大胆展望中逆算金融机构的运营得到的行动。

银行自身正处在被破坏的巨大过渡期，在此期间不能缺少强有力的领导者，因此用相同的逻辑分析龟泽的任命才是正确的方式。

显然，银行不变身为科技公司就无法生存，因此下一代领导者对企业将采取重大改革措施也就不足为奇了。大型银行所需的数字化转型不仅是系统化、技术策略乃至经营策略，还需要通过数字化转型来颠覆自己。正因为如此，作为整个日本大银行的试金石，三菱日联的竞食价值绝对不可忽视。

瑞穗金融集团：积极与有潜力的科技公司合作

两年前，瑞穗金融集团在 2018 年的招聘会上曾表示："希望能遇到不像瑞穗的人。"此举旨在招募创新型人才，打破旧态依然的金融机构特有的"以不失败为优先的保守文化"。在"从企业的内核变革"的数字化转型过程中，人才的更新也是不可缺少的。

瑞穗金融集团的官方网站上有一篇题为《积极开展金融创新》的文章，刊载了以下信息：

"作为大银行，我们已经积累了客户基础、信息基础和金融知识与技术方面的优势，但在革新创造、尖端技术和鉴别能力方面却并非稳如磐石。因此，我们将与这些领域的领军供应商以及金融科技公司合作，努力创建新业务，为客户提供更加优质便捷的服务，树立良好的品牌形象。"

2015 年 7 月，瑞穗成立了"创业项目组"，旨在通过集团内部的横向合作创建新业务。2017 年 4 月，瑞穗又设立了首席数字创新执行官，专门负责管理数字化创新业务，并将创业项目组编入数字化创新部，以此来推进跨组织界限的数字化。

通过引进移动计算稳步取得成果

让我们来看看具体的对策吧。

各项业务的运营效率不断提高。比如，瑞穗银行自 2019 年开始引入手写支票的读取和输入自动化系统，该系统是由瑞穗银行资助的新金融科技公司 Blue Lab 和 IT 咨询公司 Sigmaxis 联合开发的，在实证实验中，可实现 80% 支票处理的自动化。而且瑞穗金融集团正在扩大提供银行、信托和证券一体化服务的新分支机构，以削减传统分支机构的数量。

同时，客户接触点多样化与客户体验的改善也迫在眉睫。瑞穗金融集团于 2017 年 10 月在"瑞穗 Direct"应用程序中导入了人脸识别功能，2018 年春天开始推出智能手机支付的"Smart Debit"以及可以使用 Smart Debit 的智能手机支付应用程序"瑞穗 Wallet"，因为不是信用卡而是从银行账户自动充值，所以支付的同时就完成了扣款。另外，2018 年 8 月，瑞穗金融集团与 JR 东日本铁道公司合作发行了"瑞穗 suica"，这个也可以从瑞穗银行账户自动充值。

通过这些努力，瑞穗银行已经连续 8 年荣获日本国内行业团体移动计算推进协会（MCPC）大奖，该奖项旨在表彰在引入移动计算构建复杂系统方面取得杰出成就的公司或组织。

当被问及瑞穗银行的移动战略时，个人营销推广部数字渠道研发团队的西本聪说道："我们经常看到各种对比 QR 和 NFC 的分析表，或是比较加盟手续费 3% 与 1% 的分析报告，但这些都不是来自顾客的视点。虽说考虑加盟商很重要，但是不论加盟店变得多么方便，如果没有顾客使用，那么服务本身也就没有任何意义。不是哪个好哪个坏，而是以客户为中心，思考如何提高客户体验价值才是关键。"

"达成无现金化，不仅可以节约 8 兆日元的成本，同时还可以削减 ATM 机的数量。为了实现这一愿望，首先要做的就是让用户可以方便地使用，一旦便利性提高了，那么利益的增加和成本的下降也会随之而来。也就是说，在转型过程中必须要普及并促进的，不是以银行或业界为中心的服务，而是提高顾客体验。因此，不要总考虑'选 NFC 还是 QR'，或是'如果换成 QR，加盟手续费会降低'，而是要思考'即使星巴克很贵，为什么大家却依然购买'，我认为顾客体验非常重要。"

西本聪的声明强调了客户体验的重要性而不是银行的便利性，这是值得注意的一个信号，表明他真正意识到现有金融机构正在面临的挑战。

通过人工智能计算信用评分，进行贷款

通过与金融科技合作，瑞穗金融集团也在积极促进开放式创新。其中一个代表例子是 2016 年 11 月，瑞穗银行与软银共同成立的 J.Score 株式会社。想要贷款的客户可以通过回答问题提供数据，然后 AI 会基于此数据计算个人信用分数后发放贷款，而且所有流程都可在手机上完成。业务开展才半年，贷款额已达 35 亿日元，整体运营良好。

2017 年 6 月瑞穗金融集团与 WiL 株式会社等共同建立了推进新一代商业模式创造的蓝色实验室（Blue Lab）株式会社，来开展支付平台的构建、AI 和大数据活用的软件开发等业务。

瑞穗的网上银行利用 LINE 提供余额查询，利用 Money Forward 提供资金管理，利用 Money Tree 家庭账簿应用程序提供"终身存折"等金融服务；还可以使用 Nest Egg 提供的 Finbee，这是一个与银行账户关联的自动储蓄应用程序。此外，资产管理机器人顾问"Smart Folio"根据客户对风险的承受能力，为客户提供最适合的投资组合方案。

2018 年，瑞穗金融集团宣布与 LINE 联手创立 LINE 银行，初步定于 2020 年对外营业。对于新兴企业 LINE 来说，大银行拥有的信赖和安心可以助其强化金融服务，而对于瑞穗，可以看出其通过合作想要获取 LINE 的数字原生代用户的企图。

三井住友金融集团：致力于打造开放式创新平台

三井住友金融集团和三井住友银行共同成立了"IT 创新促进部"，该部门被认为是三井住友金融集团的创新中心，旨在于整个集团范围内利用 IT 加强创新。

具体举措包括以下内容：

2015 年三井住友银行与 GMO 合作成立了三井住友金融 GMO Payment，开始了支付代理业务；2017 年又与 NTT 数据等公司携手创立了提供生物识别平台的 Polarify，并开发出一款基于面部、手指、声音等生物信息进行身份认证的应用程序。此外，三井住友银行还正在使用区块链、人工智能和物联网等技术进行实证实验。

三井住友金融集团正在倾全力打造产生开放式创新的平台。在海外，向硅谷派遣要员，加强与先进的风险企业和 IT 供应商的联系。同时，通过与全球规模的风险资本即插即用（PnP）联合，加深了与卓越风险公司之间的战略合作。

在日本国内也是一样，与风险公司联合举办了开放式创新创业大赛、小型编程比赛、基于金融 API 的编程马拉松等一系列活动。

2017 年 9 月，作为开放式创新的据点，三井住友金融集团在东京都涩谷区开设了"Hoops Link Tokyo"。根据对三井住友金融集团的建议以及互联网上的信息，初创企业、市政当局、大学以及大型公司等都可以怀揣着自己的构想来此开展协作。此外，IT 创新促进部的成员将常驻该据点，定期举办加速器项目比赛、研讨会和小型编程比赛等活动。

三井住友金融集团对分支机构的改革也在进行中，计划将目前约430 家分支机构，在 2020 年 3 月之前打造成"下一代新型分支机构"，一方面通过自助服务和自动化来减少窗口业务，另一方面也要最大限度地满足来店咨询资产运营和贷款的顾客需求。2018 年 2 月，三井住友金融集团宣布将其与微软共同开发的对话型自动应答系统应用到集团各公司。

日本的大银行还剩下什么

自 2018 年以来，金融颠覆者已经全面开启二维码支付业务，而且在日本去现金化的时机也越来越成熟。因此，网上关于已经不需要银行或关于银行消亡的言论也在不断增加，但大家也要注意到其实银行并非只进行支付业务。想要了解金融颠覆者的兴起带给现有银行的影响，就有必要好好分析一下银行的业务结构。在此，我想分析一下日本的银行将失去什么以及留下什么。

应该死守的大企业法人金融

银行最终必须要保留的"真正遗产"，而且需要再进一步加强的是信赖、信用和专业性。我认为，这些发挥优势的东西将会被保留下来，而不能发挥优势的东西很可能会消失。

让我们分别来看：

首先，客户是法人还是个人的区别。法人交易比个人交易相对容易留存，而法人交易中大企业交易也比中小企业交易更容易留存。

例如，需要高度专业性的大企业法人金融交易是大银行必须坚守到最后的业务。在个人交易上，面向富裕阶层的个人交易业务容易保留，而面向普通阶层的个人交易会受到金融颠覆者的巨大影响。这是因为金融颠覆者更擅长为一般个人提供优质的客户体验。

其次，从业务划分来看，存款、贷款、汇兑这三大业务中，受影响最大的可能是汇兑（结算）业务。金融颠覆者势必会更加积极地开展类似存款的服务，但目前只有符合一定条件的金融机构才能依据银行法提供存款服务。在贷款方面，大企业交易可能会留存，而中小企业交易更容易受到金融颠覆者的影响。

失去汇款手续费的收入

关于当下的焦点"支付"，虽然有很多方式，在此我想谈一谈时下热门的二维码支付。如图 10-1 所示，二维码支付位于阶层结构的顶部，对顾客而言是最直接的支付手段，该支付主要由信用卡、银行账户转账、现金充值三种方式支撑。

其中，在前两种方式中，尽管银行账户最终将成为支付的基础设施，但也不能忽视信用卡支付。虽然许多人认为，"如果智能手机上二维码支付普及，就不再需要信用卡了"，但实际上，这种支付在很大程度上还是与信用卡关联使用的。

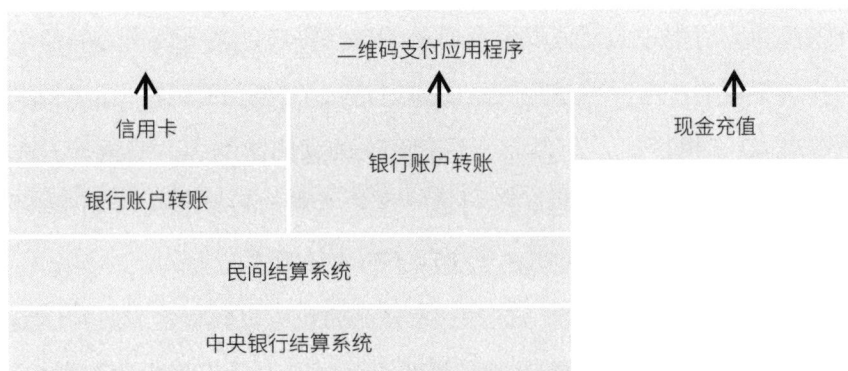

图 10-1　二维码结算的层级结构

另外，在支付服务中，几年后银行受到巨大影响的将是汇款。那时个人之间通过智能手机进行汇款将成为普遍现象，这可能会给银行带来极大的影响。利用二维码支付应用程序，会员之间的汇款只需要简单的操作即可完成，而且不需要手续费。

个人之间通过智能手机的汇款可以普及到什么程度取决于网络效应的作用方式。与 SNS 和手机普及时一样，当二维码支付的用户增加到一定规模时，可能便会一下子普及开来。这将可能会导致银行失去汇款手续费这一巨大的收入来源。

在此需要指出的是，银行为二维码支付提供的支付基础设施部分有可能会被留存，但是客户接触点由二维码支付承担。正如在前面指出的那样，从支付这一客户接触点出发开展各类业务的可能性较大，各家公司也以此为目标，开始了激烈的竞争。

基于上述状况，银行巨头瑞穗金融集团率先发行了数字货币"J-coin"，并推出利用智能手机进行二维码支付的"J-coin pay"。从银行账户到应用程序的充值以及反向操作转回账户，甚至用户之间的汇款都是免费的，这对瑞穗金融集团来说是一个巨大的优势。该支付联盟约有 60 家银行加入，预计今后会产生较大的影响力，但银行方面需要关注的是如何将二维码支付这一客户接触点与其他服务相结合，也就是现今阿里巴巴和腾讯已经实现了的收益模式。

科技公司通过将二维码支付引入自己的业务范畴来实现盈利，但如果不能制订出一个长期计划，则可能会导致支付带来的盈利减少。大家也都清楚，二维码支付本身在短期内是一项亏损业务，而且银行正处于向服务型公司转型的巨大变革中。后面，我将引用同样的分类方法对 2025 年新一代金融场景进行预测。

在介绍二维码支付的最后部分，我想提一下法律规章制度，这也是导致不同公司提供同样的服务，但却出现不同功能的主要原因。

二维码支付的现金充值需要预付款支付方式的发行者进行注册。虽然这个手续不用审查，只需要注册，但是要求业者支付 50% 以上的托管金。

为了链接到信用卡，需要注册成为负责处理信用卡卡号等正规经营者，而且这项注册需要经济产业省的审查，门槛很高。

银行账户自动扣款要求经营者注册电子支付代理商，这个门槛更高。另外，为了提取存储在支付应用程序等账户中的余额，需要在银行业或资金转移业进行登记，后者的情况还会要求 100% 以上的托管金。

支付是金融交易的核心，因此，在给客户提供高便利性服务的同时，根据银行法和资金支付法等对企业方也设定了较高的门槛。

对"理所当然"的认识有很大的差距

在大银行已经开展的"未来分支机构"中，我们可以看到银行真正保留下来的传统精华，就只有"分支机构、人员和系统"。

同时作为实体商店的"未来分支机构"，金融颠覆者以数字银行为核心，向外拓展业务。

不知大银行能否真正意识到，意图颠覆自己的科技公司所拥有的最大武器就是客户至上主义和客户体验，对此我认为它们很可能至今都执迷不悟。

形式上的模仿并非难事，不管是手机支付应用程序方面，还是开放式创新方面，大银行都在积极改革。但是，问题在于大银行能否做到科技公司所重视的价值观革新。抱着这个疑问，我能感觉到互联网企业的"理所当然"和大银行的"理所当然"之间还有很大的差距。

如果想与互联网企业一样贯彻客户至上的原则，那就必须要暂时放下作为大银行的骄傲，这可能还会伴随痛苦的自我否定。

现实中有些银行已经做到了，它就是新加坡的 DBS 银行。在下一章中，我们将重点讨论星展银行。

海外业务是大银行最大的风险因素

在此，我想介绍一下大银行的风险因素。本来应该从整体上论述经营战略的各个方面，但由于篇幅有限，我将重点放在了大银行的数字化转型战略方面。因此，接下来我也是从该战略上对大银行面临的风险因素进行简要说明。

亚洲金融危机的实际经验

1997年7月亚洲金融危机在泰国爆发。当时我正在三菱UFJ银行的新加坡办事处工作，该办事处负责东南亚地区的投资银行业务，例如银团贷款、项目融资、债券发行和并购咨询等业务。我一周的一半时间在新加坡，另一半时间在东南亚其他地区出差。

这场始于泰国的亚洲金融危机随后在马来西亚、印度尼西亚、菲律宾、韩国和其他地区相继爆发，其中泰国、印度尼西亚、韩国受到了国际货币基金组织的严格管制，形势十分严峻。

日本也非隔岸观火，面向亚洲其他国家、地区的贷款债券受影响而成为不良债券，又恰逢政府采取了财政紧缩的政策，于是在1998年爆发了金融危机。

在新加坡，我目睹了路透社等金融板块显示的其他货币对美元汇率每时每刻都在下跌的状况，至今我都还清晰记得。

当时三菱UFJ银行作为主要牵头人负责向印度尼西亚最大的制药公司提供银团贷款。在刚完成那个项目想松口气的时候，就遇到了亚洲金融危机。后来，那个制药公司也因拖欠债务，在年末召开了大规模的债权人集会，这也是印象深刻的情景之一。

在印度尼西亚，从秋天开始大家就在议论雅加达即将发生暴乱的风险，而实际上 1998 年就发生了暴乱。

当时，印度尼西亚在接受国际货币基金组织支援之前，曾向中东国家请求过援助，这件事在日本鲜少被报道。最后由于美国介入，印度尼西亚接受了国际货币基金组织的支援。

可能引发新的危机

那么，与亚洲金融危机的时候相比，现在的经济环境如何呢？从经常项目赤字的规模、外汇储备的规模、经济增长率、通货膨胀等代表国家脆弱性的经济指标来看，包括印度尼西亚在内的绝大部分国家都有了很大的改善。

但是，对于亲身经历过亚洲金融危机的我来说，2018 年下半年印度尼西亚法定货币卢比下跌的动向引起了我的注意，这也是因为印度尼西亚近年来经常项目赤字不断扩大，很容易成为对冲基金的目标。另一个担忧是，在中美战争中，印度尼西亚已经被深深嵌入中美双方的供应链之中。

如前所述，与雷曼冲击后缩小海外业务的欧洲势力相比，日本的大银行扩大了海外业务。如果经济、政治时局动荡肯定会立即引发新兴国家的不安。如果是这样的话，全球受影响最大的金融机构很可能会是近年来积极扩大新兴国家融资的日本大银行。

因此，现在我们需要关注新兴国家的资金流出、银行危机、信贷紧缩、流动性危机以及经济危机等指标的变化。

我们需要认真思考日本能做什么，并付诸实践，这也是我想通过自己过去的亲身经历要传达的信息。

绝不能输的战斗

在第 11 章的最后，我比较了日本三大银行与欧美大银行以及星展银行的各项财务指标。从中可以看出，对日本三大银行的市场评价都很低，而且 PBR（股价净资产比率）仅维持在 0.5 左右的水平。

定性和定量分析表明，这三大银行在盈利能力、资本充足率和回报股东政策等方面与国外大银行相比处于劣势。

另外，在日本，营业收入、纯利润等收益的绝对值受关注的倾向较强，而美国银行则不同，例如摩根大通的结算中强调各种收益率和红利比率等，这种倾向被认为是日本和美国之间本来就有的区别。美国银行如果不通过中央银行的压力测试的话就不能分红和购买自家公司股票。基于这样的背景，从比较分析中可以看出，执行这些举措的美国银行，在回报股东政策方面获得了好评。

在这些区别中，最值得注意的是，对日本三大银行的股票给予的低评价。

我将其视作"日本折扣"，以零利率为代表的日本金融政策导致的严酷事业环境、日本市场的前景、不得不依赖海外市场的事业结构，所有这些都造成了收益上不稳定的商业模式。

支撑日本的使命

这三大银行的业务受法规限制，再加上严酷的外部环境可能会造成其利润的下滑。尽管如此，三大银行仍肩负着日本金融发展，通过执行金融中介功能和信用创造功能支撑日本经济的重大使命。从历史上看，金融危机注定会再次爆发，所以必须加强金融法规和资本监管以预防危机。之所以需要金融监管，是因为这对日本经济和国民而言是必要的。

正因为如此，围绕着新一代金融霸权的战斗，无论是对大银行，还是对日本人来说，都是"绝不能输的战斗"，在金融监管下的现有金融机构必须要取得胜利。

因此，我们有必要好好效仿一下全球最佳数字银行——星展银行。

第 11 章

"全球最佳数字银行"——星展银行

"自我毁灭"的重生

新加坡有一家星展银行，吸引了全球金融界人士的关注。

星展银行闻名于世的契机，来源于金融专业信息期刊《欧洲货币》（*Euro Money*）对其的高度评价，该行分别于 2016 年和 2018 年两次荣获《欧洲货币》授予的"全球最佳数字银行"的称号。此外，在《环球金融》（*Global Finance*）杂志评选的"2018 年全球最佳银行"中，星展银行被评为亚洲首个"全球最佳银行"。

星展银行原名"Development Bank of Singapore（新加坡发展银行）"，但现在开始有了"Digital Bank of Singapore（新加坡数字银行）"的含义。

通过盈利能力来量化数字化

星展银行战胜高盛和摩根大通等致力于数字化变革的著名银行，被选为"全球最佳数字银行"的理由是什么？让我们来看看《欧洲货币》杂志对星展银行做出的评价。

"星展银行在 2017 年 11 月做了一件不怎么起眼，但却极具创新的事情，那就是不仅仅单纯地谈论数字化战略，而是定量展现了数字化对盈利的意义。根据该量化分析，相较于到访分行的传统客户，在星展银行进行数字化交易的客户所产生的营业额是其两倍，拥有的存贷款金额也更多。而且获得数字化交易客户的成本比获得传统客户的成本要低出 57%，然而数字化交易的客户人数是传统客户的 16 倍，且都是自发性交易。除此之外，传统客户交易可以赚取 19% 的净资产收益率，利用数字化的客户交易可以赚取高达 27% 的净资产收益率。实际上，大家对首席执行官高博德（Piyush Gupta）评价很高，认为他是星展银行的'杰夫·贝佐斯'，再加上这些量化事实的披露，引发市场分析师对星展银行的评价不断上升，星展银行当天的股价就上涨了 4%，这足以证明数字化的强大力量。首席执行官高博德坚持认为，与破坏对峙的最佳方法是先进行'自我毁灭'，但是在数字化的道路上，最重要的是如何赚取利润，以及知道为什么能带来利润。2017年，星展银行的市值增长了 44%，而且它的股票已经开始被市场当作科技公司的股票进行评价。"

不惜与现有事业相争

就像《欧洲货币》所说的"不太起眼"那样，星展银行倡导的数字化转型乍看之下，会给人一种与美国银行以及日本银行的竞争对手相同的印象。

然而星展银行在世界上首次用数字证明了其数字化转型的成果，而且首席执行官高博德口中的"破坏"这一关键词，也暗示了为什么星展银行的数字化变革能够刷新整个企业，做到从根本上彻底革新。

作为现有金融机构，美国银行和日本大银行正处于尝试"自我否定"的阶段，如前所述，三菱 UFJ 银行高层领导表示"不要害怕竞食"，并表达出哪怕是在现有业务和新业务之间也要不惜互相竞食的态度。但是，它们的变革还在进行当中，而星展银行已经完成了超越自我否定的"自我毁灭"阶段，目前已处于脱胎换骨成为数字银行的阶段。

公司核心业务的数字化

"全球最佳的数字银行"——星展银行究竟是个什么样的银行？

星展银行成立于 1968 年，起初是新加坡政府的开发银行，现在已经在东南亚地区、中国地区和南亚地区等 18 个国家和地区设立了 280 多个网点，集团总员工约为 24,000 人。在控股公司星展集团控股的领导下，星展银行业务由新加坡和印度的分行以及分布在中国各地区和印度尼西亚的当地公司来负责展开。星展集团控股已经在新加坡证券交易所上市，市值约为 642 亿新加坡元（约 50,000 亿日元），新加坡政府拥有的淡马锡控股和其他金融机构等 20 家投资公司持有星展银行 90% 以上的股份。

如果看具体业务内容的话，星展银行涵盖了零售银行、资产管理、私人银行、中小企业银行、公司银行、证券经纪和保险等广泛的业务领域。

就规模而言，星展银行是东南亚最大的商业银行，该公司拥有企业客户超过 200 万家，个人客户超过 880 万个，总资产达 5,180 亿新加坡元（约 40 万亿日元），营业收入为 119 亿新加坡元（约 9,000 亿日元），纯利润为 43.9 亿新加坡元（约 3,300 亿日元），存款额为 3,736 亿新加坡元（约 300,000 亿日元）。

管理层提出的三个口号

看上去如此优秀的星展银行，自 2009 年开始效仿科技公司进行数字化转型。引领这场变革的是 2009 年加入公司的首席执行官高博德和前一年加入公司的首席信息官大卫·格莱德希尔（David Gledhill）。

星展银行在进行数字化转型时，提出了三个让人印象深刻的口号。

"公司核心业务的数字化！"

"将自己置身于客户旅程！"

"转型成一家拥有 2.2 万人的初创企业！"

"公司核心业务数字化！"意味着并非停留在提供在线服务和移动服务等前端的表面数字化，更重要的是对后端的业务应用程序、软件、中间件、硬件和基础设施，甚至管理层和员工的思维方式以及文化等进行全面审视。

"将自己置身于客户旅程！"是指重新审视自己作为银行的存在意义，并表达自己在新一代金融业中将扮演什么角色的看法。简而言之，这意味着未来的业务将从以银行为导向的交易过程（例如存款、贷款、汇兑），向以客户为中心，包括关注每个客户的生活方式、生活习惯以及满足客户需求的转变。星展银行还提出了"简单（simple）、无缝（seamless）、无形（invisible）"的概念，从顾客的角度看，让其享受到简单且无缝的服务，将感觉不到星展银行的存在。

"转型成一家拥有 2.2 万人的初创企业！"为了将公司的核心业务数字化，必须改变管理层和员工的思维方式，也就是从交易执行者转变为客户服务者。为此，星展银行通过公司内部编程马拉松、投资或收购初创公司来培养职员创新的思维方式和应对策略。

将自己置身于客户旅程，让银行变得隐形

在推进以上数字化转型时，到目前为止有两个阶段需要过渡，第一阶段是从 2009 年到 2014 年，第二阶段是从 2014 年开始。

第一阶段是为建立数字银行奠定基础的阶段。为的是消除银行系统的脆弱性，星展银行不仅增设了数据中心，还设立了安全操作系统和监控中心。而且星展银行一直在积极摆脱对工程和技术外包的依赖，现已实现 85% 的内部生产。另外，针对每个渠道、产品与服务、启动程序（信息管理系统等内部系统和基础设施），出售不必要的应用程序，购买需要的应用程序，以便搭建 2014 年之前成为数字银行的基础设施和平台。

第二阶段是整体构筑数字银行的阶段。首先以"从项目型向平台型转变""组建敏捷的开发团队"等为主题推进数字化改革，同时贯彻"成为云原生""加速产品和服务的市场投入""通过 API 提高生态系统的性能""基于数据挖掘、客户计算、测定和实验，贯彻执行顾

客至上主义""投资人与技术"等具体目标。

2018 年 5 月，星展银行采用了"感受不到银行的存在，尽情享受生活"的理念，这是星展银行 10 年来一直提倡的"与亚洲共生，与亚洲共舞"的进化产物，明确展示了通过"自我毁灭"成为"隐形银行"，与顾客融为一体。

最强城市国家——新加坡的宿命

星展银行究竟为什么要进行数字化转型呢？这源于首席执行官高博德等经营团队与新加坡这个国家本身所具有的强烈危机感。

高博德对《欧洲货币》杂志说："与金融颠覆者竞争的最佳方法是，先于他们进行'自我毁灭'。"他列举了在主战场之一的中国，阿里巴巴和腾讯这些金融颠覆者的崛起。随之他又断言："如果不主动数字化，我们将必死无疑。"格莱德希尔也说："如果不早点行动，我们的功能就会被取代，变得完全没有存在的必要。"他们都表露出一种让人难以置信的强烈危机感。

在高博德担任首席执行官期间，星展银行的经营状况并不差，营业收入年平均增长率在 7% 以上，当期纯利润的年平均增长率在 13% 以上，可以说整体运营良好。但是，如果考虑到新加坡这个国家身处的环境，就该明白星展银行具有危机感是正常的，"必须自我毁灭"，这也是新加坡这个国家本身所传递出的信息。

不能寄希望于国内市场

众所周知，新加坡是个城市国家，国土面积约 720 平方公里，相当于东京 23 个区，人口仅 560 万人左右，所以不可能寄希望于扩大国内市场，而且新加坡几乎没有自然资源。但是，新加坡的经济发展水平令人瞩目，人均国内生产总值约为 6 万美元，超过了日本。

这种快速增长的原因在哪里呢？其一便是发挥东南亚中心这一地理优势的"贸易立国"政策。在政府支持下，作为海外贸易的交通枢纽，新加坡自过去就积极从海外引进产业、企业和技术。

换言之，不能寄希望于国内市场的新加坡，是"必须要进军海外才能生存的国家"。因此，新加坡注定要对国外市场的动向和技术的发展趋势保持高灵敏度。

新加坡总理本人建议将"破坏"作为国策

新加坡总理李显龙在 2016 年 8 月的国庆集会政策演讲中提到，新加坡面临的经济挑战是科技进步带来的"破坏"。他以出租车行业出现的强大竞争对手优步和 Grab 为例，宣布要想与时俱进，就要将"破坏"纳入政策。优步进军新加坡市场，已然将出租车行业推向淘汰的边缘，并且新加坡还是全球第一个修改交通政策和法规来建设自动驾驶汽车（AV）的国家。

"一方面，对于高峰时段利用私家车通勤的人，每年征收 1.5 万美元的附加税，同时废除了'汽车必须由人驾驶'的规定。另一方面，在住宅区的开发方面也做了一些规定，例如缩小道路宽度、提高道沿高度和减少停车场等，促使建设有利于 AV、不利于私家车的智慧城市。"

你知道吗？令人惊讶的是，新加坡这个国家本身就已将"自我毁灭"作为国策，而与此形成鲜明对比的，正是禁止优步在内所有共享乘车的日本。

与中国金融颠覆者的正面对抗

同一时期，中国也出现了"金融颠覆者"，它们正在破坏对星展银行来说十分重要的亚洲市场，而新加坡也在其内。

支付宝是阿里巴巴推出的一款支付应用程序，每年活跃用户数高达 8.7 亿人次。阿里巴巴以支付宝为切入点，捆绑了阿里巴巴提供的电子商务、零售、物流、媒体、娱乐等涵盖生活各个方面的服务，并且正在拓展为一款生活服务平台。而腾讯则以通信应用程序"微信"为入口，不断强化并扩大在线游戏、媒体、支付、公共事业、零售等多元化生活服务平台。微信每月约有 10.57 亿名活跃用户和 1.5 亿名付费内容的订购者。

上述这些金融颠覆者的共同特点是，它们已经复制了银行业务，拥有庞大的活跃用户量，而且由于主营业务不是金融，所以不需要通过金融服务本身赚取利润。但就是这些就已对现有金融机构构成了巨大的威胁。

"如果不主动数字化，我们将必死无疑。"

"如果不早点行动，我们的功能就会被取代，变得完全没有存在的必要。"

这不仅仅是对星展银行而言的。

在此我想强调的是，星展银行的危机感已经超过了竞争对手。对于以新加坡和中国香港地区为主战场的星展银行来说，中国的阿里巴巴和腾讯在中国和亚洲其他地区的崛起，已经是迫在眉睫的威胁。高博德等管理层感受到的危机并不夸张。星展银行之所以选择"自我毁灭"，正是因为"如果不这么做就无法生存"。

读到这里的人也都知道，在当下社会声称数字化转型的金融机构并不少见，但是，星展银行并没有停留在数字化表面，而是在绝境之中，从根本上更加彻底地快速完成了数字化转型。这正是星展银行的独特之处。

"自我毁灭"的议程

星展银行为每个业务部门量身定制了"自我毁灭"的计划（图11-1）。对于重点业务部门，比如占 2017 年全年主营业务收入 44% 的新加坡、中国香港地区的零售和中小企业交易，执行"在被毁灭之前先进行自我毁灭"。对于占全年主营业务收入 4% 的印度、印度尼西亚这些新兴市场的零售和中小企业交易业务，执行的是"销毁现有银行"。对于剩下的占全年主营业务收入 52% 的中国其他地区的零售，以及私人银行、企业银行等其他业务，星展银行表示将"以确保盈利性为目的进行数字化"。

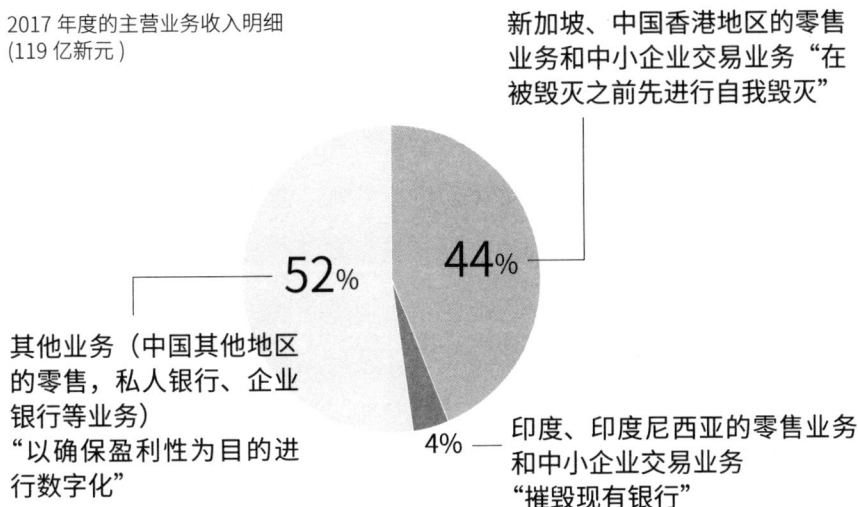

图 11-1　星展银行的"自我毁灭"计划

注：资料数据来源于 *Investor day* 2017。

基于上述安排，星展银行将以下四个支柱作为数字化转型的核心来展开革新。

成为云原生

在星展银行的数字化转型过程中，首先是"成为云原生"。

格莱德希尔说："不仅仅是表面的'口红'，连系统的核心也要实现云化。"除了技术的内化生产以外，借助亚马逊云服务进行云化也是一个重要的经营课题。

这是因为原生云可以削减庞大的运营成本。星展银行通过云技术，削减了硬件、软件和管理部门 80% 以上的人工费用，还加强了整个银行系统的弹性和可扩展性，提高了银行的信赖度。当前，包括硬件、平台软件、应用程序在内的所有业务部门都在努力成为云原生，截至 2017 年年末，66% 的应用程序已经转移到云中，目标是到 2018 年将所有 IT 系统中的 50% 进行云化。另外，在 2019 年上半年，通过云化将使数据中心设备减少 75%。

使用 API 改善生态系统性能

在星展银行的数字化转型中，第二大支柱是"通过 API 改善生态系统性能"。

这里先卖个关子，稍后我会详细说明，开放 API 是星展银行构筑生态系统的关键，以便为客户提供优质的客户体验和顾客至上的服务。不过现在，星展银行通过与会计软件 Xero 和企业管理软件 Tally 合作等，利用 200 多个 API 与 60 多家企业达成了合作伙伴关系，共同构筑生态系统。

贯彻执行顾客至上主义

然后便是第三大支柱，即"基于数据挖掘、客户计算、测定和实验，贯彻执行顾客至上主义"，这是对客户接触点的数字化。

例如，在零售银行部门，在线完成开户是理所当然的事情。此外，该部门还开始提供或介绍汽车、房产、电器买卖、签署合约、支付的一站式交易场所，以及相当于支付宝和微信支付的移动支付系统"PayLah!"，无压力购物体验的"Foodster on FB Messenger"，通过手机应用程序确认孩子何时如何消费的"POSB Smart Buddy"等服务。同时星展零售银行也在致力于发展将离线银行和在线银行合二为一的分支机构"Click and Mortar",努力创造出"就像去自己喜欢的咖啡店一样去银行"的新的客户体验。

另外,私人银行部门提供在线资产管理平台 iWealth,在线金库和资金管理模拟平台 Treasury Prism 等服务。在公司银行部门中,不仅有在线公司银行平台 DBS IDEAL,还有面向中小企业提供相关专业咨询和服务的网络社区"商务舱"等服务。

在印度,通过企业管理软件 Tally 与 API 的结合,星展银行构建了可以让 Tally 用户使用其服务的平台。Digibank 是一家没有分支机构设备的智能手机银行,在印度和印度尼西亚地区提供零售银行业务,而且在印度已经获得了超过 180 万名客户。

在星展银行的最重点区域——新加坡和中国香港地区,开设实体分支机构的空间很小;面向中国和印度尼西亚的海外战略,也受到出资限制等因素影响。但是星展银行并没有从地理位置上扩大商圈,而是通过银行本身的数字化,试图超越这些限制条件。如果是数字银行的话,当地政府的相关规章制度也比较宽松,还有扩张的空间。

投资人员和技术

在星展银行的数字化转型中,第四大支柱是"对人员和技术的投资",也就是强化人员和企业文化。

正如前面提到的口号所说"转型成一家拥有 2.2 万人的初创企业"

一样，为了从根本上拥有创新的思维模式，星展银行做出了各种各样的努力，制定了"贯彻顾客至上主义"、"数据驱动"、"承担风险，挑战实验"、"敏捷型"以及"成为不断学习的企业"五大方针，并且正在陆续公布具体措施。

例如，星展银行设置了学习空间"DBS Academy"，与初创企业等共同推出了合作空间"DBS Asia X"，并且实施和运营了许多创新举措，包括数字思维编程马拉松、API 编程马拉松、战略研讨会、客户旅程和每日创新简报等。此外，星展银行还充分提供了与初创公司合作的机会，以及提供甘道夫计划（Gandalf）、DBS Learn、Horizon Class 和 Tech Boot Camp 等学习机会。

星展银行的革新不仅停留在技术和物理层面上，还包括基础设施以及客户接触点的产品和服务的革新，人员思维层面的彻底变革。

最重要的是，接连采取"破坏"措施的星展银行本身更像是一家科技公司，而不是一个金融机构。编程马拉松最初似乎是程序员、图形设计师、工程师等聚集在一起进行软件开发的比赛活动，但星展银行却引入这样的方式来加强企业文化。

格莱德希尔断言道："为了转换商业思维，必须革新企业文化。"如果在还未改变思维方式的情况下进行业务转型，是一定不能扎根的。这就是星展银行只保留业务框架，必须彻底更换内部（思维定式）的原因，也就是将公司核心业务数字化。

综上所述，我们可以将星展银行的数字化转型理解为后端、前端以及人员与企业文化的"三位一体"式变革。

甘道夫转型计划

星展银行在推进数字化转型时，作为参照物的并不是同行业的其他公司。

目标是成为像 Google、Amazon、Netflix、Apple、LinkedIn 和 Facebook 这样的大型科技公司，所以星展银行在这些大型科技公司的首字母（G·A·N·A·L·F）中加入了自己的首字母 D，决意成为 "G·A·N·D·A·L·F（甘道夫）"的一员。

大型科技公司有许多值得星展银行学习的地方，例如，Google 的开放源码软件志向，Amazon 的 AWS 上的云操作，基于 Netflix 数据的个人推荐，Apple 的设计思维，LinkedIn 的"继续成为学习社区"以及 Facebook 的"普及到全世界所有人"。

如果有一家银行可以提供与大型高科技公司相媲美的客户体验，还可以利用"大数据 + AI"进行"感知"的服务，确实很有吸引力。

甘道夫是电影《魔戒》（*The Lord of the Rings*）的主人公，也是托尔金（John Ronald Reuel Tolkien）所著的《魔戒故事》（*The Lord of the Rings*）中魔法师的名字，用魔法的力量将银行"变形"为科技公司，甘道夫正在传递这样的想法。

杰夫·贝佐斯如果有银行的话，他会怎么做

格莱德希尔表示，他从"如果亚马逊的贝佐斯从事银行业会怎么做？"的角度深入进行了思考，得出的答案正是三个口号，即"公司

核心业务的数字化"、"将自己置身于客户旅程"，以及"转型成一家拥有 2.2 万人的初创企业"。

星展银行从金融颠覆者那里学到的最重要的是平台战略，尤其是"将自己置身于客户旅程"，正是杰夫·贝佐斯创业时记在餐巾纸上的亚马逊的商业模式。

亚马逊的商业模式是"增加产品种类，客户选择变多"→"客户满意度提升，累积客户经验价值"→"流量增加"→"卖家聚集"→"品种增加，客户选择变多"→"客户满意度上升，客户经验价值将会进一步累积"→"增加更多流量"……通过无限循环这样的成长周期，不断扩张亚马逊规模经济。这显示了"低成本结构"的前提和贝佐斯的理念，即"客户首先要求低价格、多选择的商品"。

图 11-2 显示了星展银行的商业模式，包括"获取客户"→"与客户交易"→"强化与客户的关系"一系列业务流程，而这些是由星展银行拥有的客户数据以及以此为基础开发的生态系统形成的。星展银行的生态系统涵盖了存储、管理、处理客户数据的云银行系统，以及通过银行内部 API 和外部 API（开放 API）提供的产品与服务。扩大"客户数据 + 生态系统"，也就意味着"降低客户获取成本""降低与客户的交易成本""增加每位客户的销售额"。

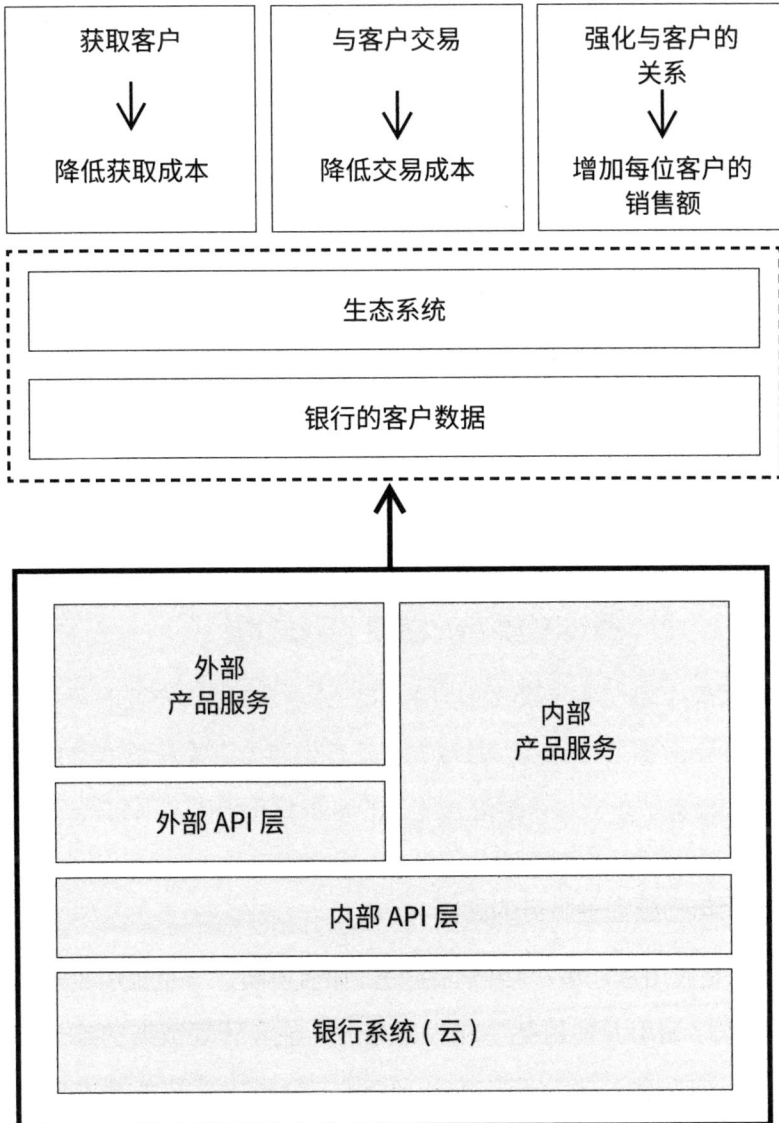

图 11-2　星展银行的商业模式

注：数据资料来源于 *Investor day* 2017。

通过对比亚马逊与星展银行的业务模式，我们可以看到二者之间的相似之处：以客户旅程为前提，与外部第三方共同构筑生态系统，使客户不仅可以享受金融服务，还能享受各种与生活相关的服务。服务的种类增加会提升客户满意度，以此累积客户的经验价值，这样一来流量就会增加，从而带来更多的第三方和运营商加入生态系统。为客户提供的服务种类和选择继续增加，进一步提升客户满意度，客户的经验价值也会进一步积累，这将进一步增加流量……

该业务模型的关键在于云原生实现的"低成本结构"和开放 API 构建的"生态系统"。

通过开放 API 创建"隐形银行"

接下来介绍一下开放 API。除了星展银行之外，先进的金融机构也已经开始对外公开 API，因为 API 具有构建生态系统或 API 经济的潜力。在日本，乐天正在推进开放 API 来扩张乐天生态系统。

扩大与升级金融服务的武器

API 是应用程序编程接口的缩写，如前所述，它是指用于从另一个应用程序调用并使用某个应用程序的功能和管理数据的连接规范和机制，向其他公司公开称为开放 API。公司内部与外部的服务通过 API 链接。开放 API 种类众多，包括向所有人开放的 API（比如 Google Maps）；在某些条款和规定下提供的 API；向限定社区提供的

API 以及向分别签署合同的合作伙伴或合同当事方提供的 API。

与金融相关的开放 API 包括"查询型 API",即允许外部第三方或运营商查询银行内部的客户账户等信息;以及第三方运营商直接向银行客户提供服务的"执行型 API"。

执行型 API 可以扩展和发展金融服务,例如,通过银行的开放 API,第三方运营商可以通过访问银行的客户数据来提供银行无法直接向客户提供的各种服务。这么做的结果就是,第三方运营商将获得更多的商机,银行客户将能够享受更多更便利的服务。

这对银行也有好处,通过与第三方运营商的合作,银行可以提高服务质量和改善客户体验,而且可以获得自身无法单独获取的有关客户的行为数据和位置数据,以便提供更加满足客户需求的服务。

执行型 API 正是星展银行与第三方运营商共同构筑生态系统,以"隐形银行"身份进入客户旅程的关键。在这里感觉不到星展银行的存在,实现了"感受不到银行的存在,享受生活"的愿景。

与麦当劳、Grab 等 60 多家公司达成合作伙伴关系

说起星展银行的开放 API,其中的代表例子是星展银行与会计软件 Xero 和企业管理软件 Tally 的合作。Xero 是施和公司为全球 158 万家中小企业提供服务的会计软件,Tally 是 Tally Solutions 公司在以印度为首的 100 多个国家为 800 万家以上中小企业提供服务的企业管理软件。Xero 或 Tally 的账户通过在线企业银行平台 DBS IDEAL 与星展的银行账户自动链接,可以及时匹配中小企业的出纳信息和银行账户信

息，使用户享受到便利的支付服务。

在星展银行的官方网站上，也有介绍其他开放 API 的例子。比如利用星展信用卡累积的积分可充当在第三方运营商进行购买的积分返还 API；住宅购买能力的事前审查和向星展银行申请住房贷款等住宅购买支持 API；通过第三方运营商的 ATM 机从星展银行账户提取资金的提款 API；以移动支付系统"PayLah！"为代表，用于支付、存款、交易分析以及设置使用金额上限的支付 API；以及提供外汇比率和星展银行普通信息等信息供应 API。

在星展银行中，这样的 API 目前已经超过 200 个，而且已经与麦当劳、Grab、Foodpanda 和 soCash 等 60 多家企业达成战略合作。

如果游戏规则改变，也会自我改变

星展银行的开放 API 是令其金融服务"隐形"的绝佳工具，可以大幅度提升客户体验。

我在前文指出，银行的三大业务，即存款、贷款、汇兑已经可以复制。而且在"金融颠覆者"垂直整合金融服务的趋势下，金融也需要"理所当然"。所谓的"理所当然"是指"方便"、"不麻烦，不花时间"、"易懂"、"友好"、"愉快"以及"让人感觉不到 ×× 的存在"。

星展银行的数字化转型是指，在与新金融趋势对峙的同时，达成新的"理所当然"。也就是破坏现有金融机构的"理所当然"，比如"银行不方便，很难理解"，"在午餐时间，不仅是银行窗口，就连

ATM 机前面也要排队"等，再创造一些新的"理所当然"。

以亚马逊为代表的科技公司，已经将科技公司的"理所当然"带进了金融行业，将客户体验和"与客户保持持续且良好关系"作为游戏规则，淘汰不能遵循相同规则的传统玩家。作为现有金融机构的星展银行采取了同样的游戏规则，进行"自我毁灭"，这也证明了星展银行已经成功转型为一家科技公司。

如果游戏规则改变了，那么公司本身也应该随之改变。为此，"自我毁灭"是不可避免的，这也是从星展银行的数字化转型中学到的教训。

成为金融颠覆者

被称为"隐形银行"的星展银行，已经成为把银行原本应该发挥的功能发挥出来的平台，无缝提供着金融中介、信用创造、结算等银行理应提供的服务。

亚马逊、阿里巴巴和腾讯等金融颠覆者的威胁在于，它们会将客户的商流、物流和资金流整合到其搭建的生活服务平台中，例如电子商务和社交通信等；并利用在那里获得的大数据和 AI 来创造优秀的客户体验，同时用来开发新的金融服务。

星展银行也一样，在通过开放 API 构筑的生态系统中，与客户建立持续且良好的关系才是其真正的目标。这样可以掌握客户的商流、物流和资金流，并将其作为客户的大数据进行累积，这个数据就是加入金融颠覆者的"武器"。换句话说，将与客户的商流、物流和资金流相关的大数据整合到后端、前端和人员与企业文化中，扩展生态系统，创建更加优质的客户体验和金融服务，同时建立与客户持续且良好的关系，不断循环这个模式正是星展银行推进数字化转型的本质。

在金融颠覆者崛起的过程中，现有银行害怕"竞食"，并且由于分支机构和系统等传统的基础设施，导致改革的步伐停滞不前。在这种困境下，如果金融颠覆者获得了信用、信赖和专业性，现有银行的传统基础设施都被破坏的话，将会完全被金融颠覆者取代。

与此相对，星展银行率先进行"自我毁灭"，在生态系统中融入客户旅程，选择成为"隐形银行"。这里星展银行最重视的是客户和构成生态系统的第三方运营商，所以实现了客户至上主义、重视客户体验的经营模式转换，这一点可以与金融颠覆者相提并论。

数字化转型的成果

鉴于以上内容，用户对星展银行的数字化转型给予了高度评价，这也是必然的结果。这种革新，最重要的不是追求表面，也不只是通过银行业务赚取利润，而是对客户体验的追求。

星展银行的数字化转型成果，表现在各种经营指标的改善方面。正如本章开头《欧洲货币》对星展银行做出的评价那样，数字化是星展银行创新的象征，与访问分支机构的传统客户相比，利用星展银行进行数字化交易的客户带来的销售额要高出 2 倍，而且 2017 年星展银行的市值上升了 44%。

关键业务部门取得突破性成功

让我们仔细看一下星展银行的财务数据。在数字化转型中，星展银行最重视的业务部门是新加坡与中国香港地区的零售和中小企业交易，该部分占总营收的比重从 2015 年的 38％增加到了 2017 年的 44％（图 11-3）；而且同一时期，总营收的年均增长率约为 7.5％，而新加坡和中国香港地区的年均增长率达到了 11％。

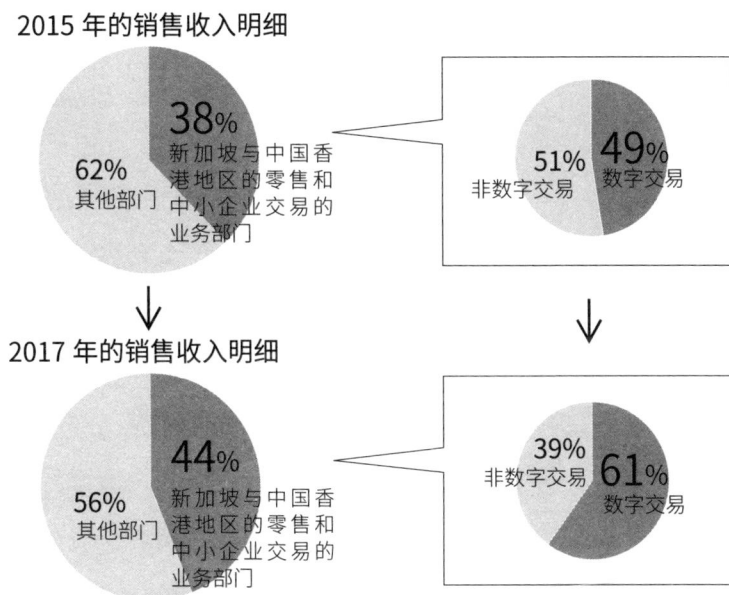

2015 年的销售收入明细

38% 新加坡与中国香港地区的零售和中小企业交易的业务部门

62% 其他部门

51% 非数字交易
49% 数字交易

2017 年的销售收入明细

44% 新加坡与中国香港地区的零售和中小企业交易的业务部门

56% 其他部门

39% 非数字交易
61% 数字交易

图 11-3　星展银行数字化转型的成果——
新加坡与中国香港地区的零售和中小企业交易的财务数据

注：以上数据信息来源于 *Investor day* 2017。

客户数量（单位：百万人）

营业额（单位：10 亿新加坡元）

21.1% 的上升

55.0% 的上升

营业费用（单位：10 亿新加坡元）

本期纯利润（单位：10 亿新加坡元）

50.0% 的上升

66.7% 的上升

每位客户的销售收入
（单位：新加坡元）

每位客户的营业费用
（单位：新加坡元）

28.0% 的上升

13.6% 的上升

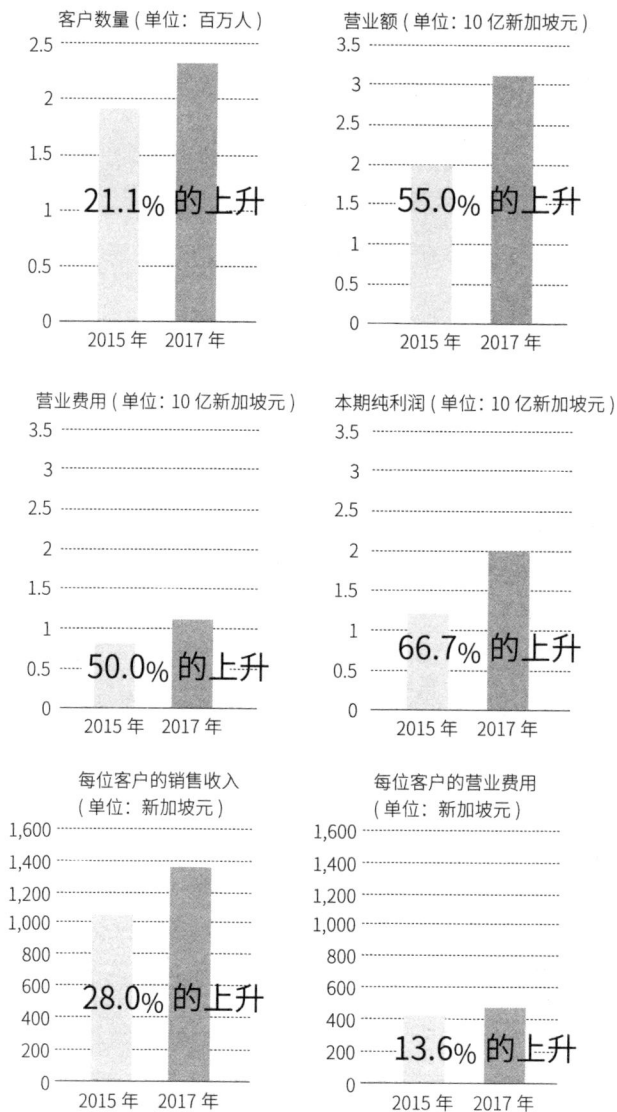

**图 11-4　星展银行数字化转型的成果——新加坡与
中国香港地区的零售和中小企业交易的客户数量等指标**

注：以上数据信息来源于 *Investor day* 2017。

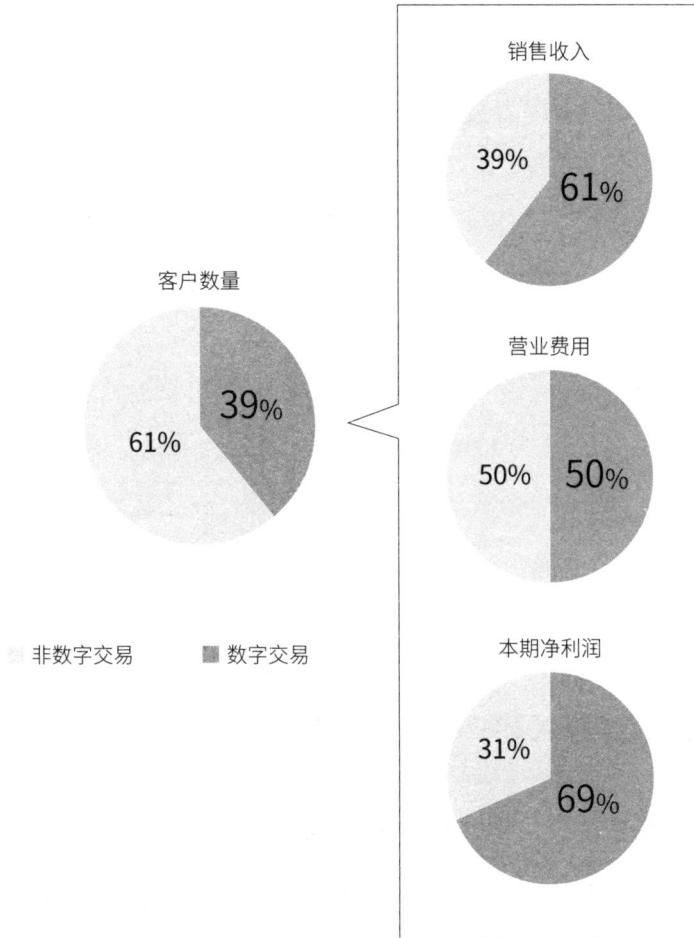

**图 11-5 星展银行数字化转型的成果——
新加坡与中国香港地区的零售和中小企业交易的市场占比情况**

注：以上数据信息来源于 *Investor day* 2017。

在 2015 年，重点业务部门营收（占全年营业收入的 38%）的 49%
来源于在线和移动服务等数字交易，到了 2017 年，该部分营收（占
全年营业收入的 44%）中数字交易的占比上升到 61%。也就是说，从
营收增长率来看，数字交易和非数字交易趋势的差距是显而易见的，
数字交易的年均增长率为 23%，而非数字交易的年均增长率为 –2%。
数字交易的增加，提高了该部分在总营收中的占比。

接下来让我们看一下重点业务部门数字交易的客户数量等指标
（图 11-4）。从客户数量来看，2015 年为 190 万人，2017 年为 230 万
人（增长 21.1%）；从总营收来看，2015 年为 20 亿新加坡元，2017
年为 31 亿新加坡元（增长 55.0%）；从营业费用来看，2015 年为 8
亿新加坡元，2017 年为 12 亿新加坡元（增长 50.0%）；从本期纯利
润来看，2015 年为 12 亿新加坡元，2017 年为 20 亿新加坡元（增长
66.7%），增势十分明显。

此外，客户人均营收从 2015 年的 1,052 新加坡元增加至 2017 年的
1,347 新加坡元，增长了 28.0%；但客户人均营业费用只增加了 13.6%。
由此可以看出，在重点业务部门中数字交易绝对有盈利的能力。

39% 的数字交易，带来 69% 的利益

接下来，让我们看看 2017 年星展银行最重视的业务部门中，数
字交易和非数字交易的市场份额（图 11-5）。在客户数量方面，重点
业务部门总共拥有 5,900 万人，其中数字交易有 2,300 万人（39%），
非数字交易有 3,600 万人（61%）；而且在该业务部门赚取的 51 亿新

加坡元营收中，数字交易为 31 亿新加坡元（61%），非数字交易为 20 亿新加坡元（39%）。在纯利润方面，该业务部门的 29 亿新加坡元中，数字交易为 20 亿新加坡元（69%），非数字交易为 9 亿新加坡元（31%）。用收入减去利润后，我们可以看出，该业务部门数字交易与非数字交易的成本，即营业费用都是 11 亿新加坡元，或者说是各占 50%。也就是说，重点业务部门中，数字交易客户仅占 39%，却带来了 61% 的营收以及 69% 的纯利润。

此外，从重点业务部门 2017 年客户人均营收来看，非数字交易为 600 新加坡元，而数字交易为 1,347 新加坡元。在营业费用比率方面，与非数字交易的 55% 相比，数字交易为 34%。在净资产收益率方面，非数字交易占 19%，数字交易占 27%。

以上数据表明，在星展银行最重视的业务部分，银行交易的数字化进展顺利，在数字交易中建立了低成本、高效盈利的机制，并且该部分的占比和战略性也越来越高。最关键的是，重点业务部门的数字化转型确实提升了星展银行的盈利能力。

小而强大的银行

如果将这些财务数据与美国银行和日本大银行的财务指标进行比较，那将会更加凸显星展银行的形象。与其他国家的竞争对手相比，星展银行虽然事业规模较小，但收益性很高，可以看出其高效的资本利用率。

■员工人数

■销售收入·税前利润

（单位：百万美元）

■总资产

（单位：百万美元）

■市场价值

（单位：百万美元）

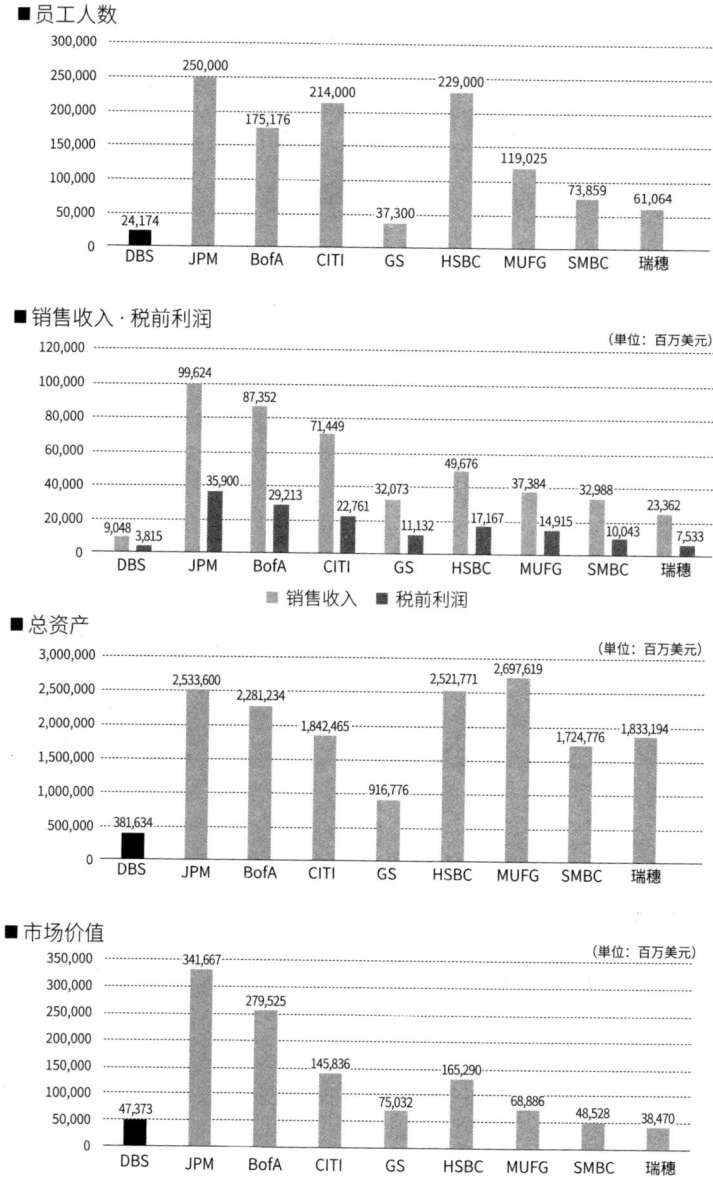

图 11-6　规模的比较

■ 人均销售收入、人均税前利润、人均净利润

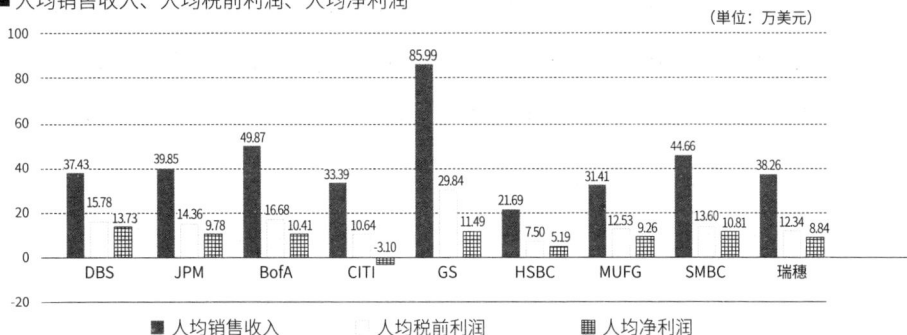

(单位：万美元)

DBS 37.43 15.78 13.73
JPM 39.85 14.36 9.78
BofA 49.87 16.68 10.41
CITI 33.39 10.64 -3.10
GS 85.99 29.84 11.49
HSBC 21.69 7.50 5.19
MUFG 31.41 12.53 9.26
SMBC 44.66 13.60 10.81
瑞穗 38.26 12.34 8.84

■ 人均销售收入　　■ 人均税前利润　　■ 人均净利润

■ 税前利润率（税前利润 / 销售收入）

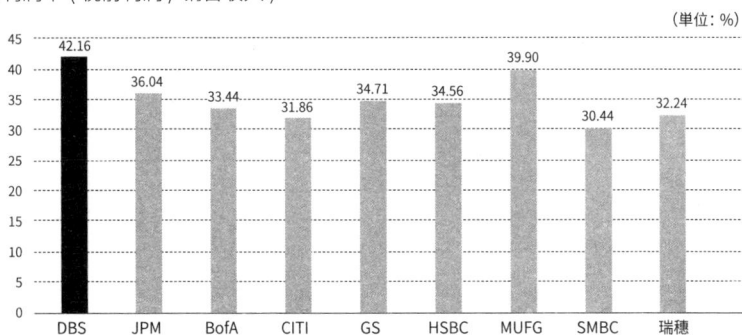

(单位：%)

DBS 42.16
JPM 36.04
BofA 33.44
CITI 31.86
GS 34.71
HSBC 34.56
MUFG 39.90
SMBC 30.44
瑞穗 32.24

■ 净资产收益率 (ROE)

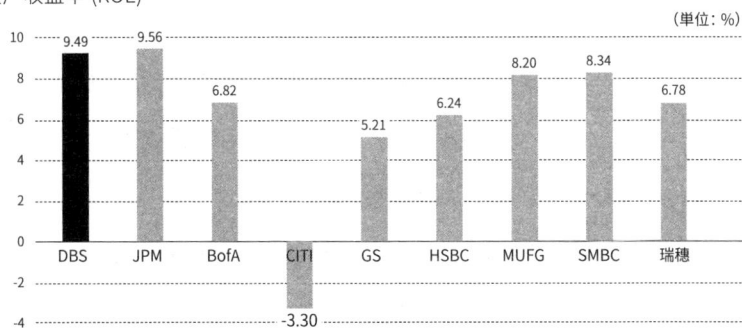

(单位：%)

DBS 9.49
JPM 9.56
BofA 6.82
CITI -3.30
GS 5.21
HSBC 6.24
MUFG 8.20
SMBC 8.34
瑞穗 6.78

图 11-7　收益性和资本效率的比较

图 11-6、图 11-7 与图 11-8 详细对比了星展控股和 8 家银行巨头，即摩根大通（JPM）、花旗银行 (CITI)、高盛集团 (GS)、汇丰银行 (HSBC)、三菱 UFJ 银行集团 (MUFG)、三井住友银行集团 (SMBC)、瑞穗金融集团、美国银行（BofA）的财务指标。

星展银行在员工人数、销售收入、税前利润、市场价值、总资产等指标上都远低于其他银行（图 11-6）。

但是星展银行的收益性较高，资本运转也很有效率（图 11-7）。对比其他 8 家银行，星展银行的营收税前利润率为 42.16%，排名第一。虽然人均营收在 9 家大型银行中排名第 6 位，但从人均税前利润来看，则仅次于高盛集团和美国银行，排在第 3 位。此外，净资产收益率为 9.49%，仅次于摩根大通。

从股票市场的评价来看，星展银行的 PBR（股价净资产比率）为 1.29，9 家大型银行中，只有星展银行、摩根大通和美国银行这三家银行的 PBR 超过了 1。在安全性能方面，星展银行的资本充足率（CET1 比率）为 14.30%，仅次于汇丰银行的 14.50%（图 11-8）。

总而言之，星展银行虽然业务规模小，但是无须花费太多成本就能高效盈利，进行稳健的运营，以此获得了投资者以及客户的高度评价，所有这些都是数字化转型的成果。《欧洲货币》杂志将星展银行评为 "全球最佳数字银行"，《环球金融》杂志也将其选为 "全球最佳银行"，原因就在这些数据呈现的结果上。

星展银行率先推进的数字化转型与美国和日本的银行推行的数字

化转型是否相同？还是完全不同？在愿景和本质上有差异吗？这个判断得由每个金融机构自行决定。

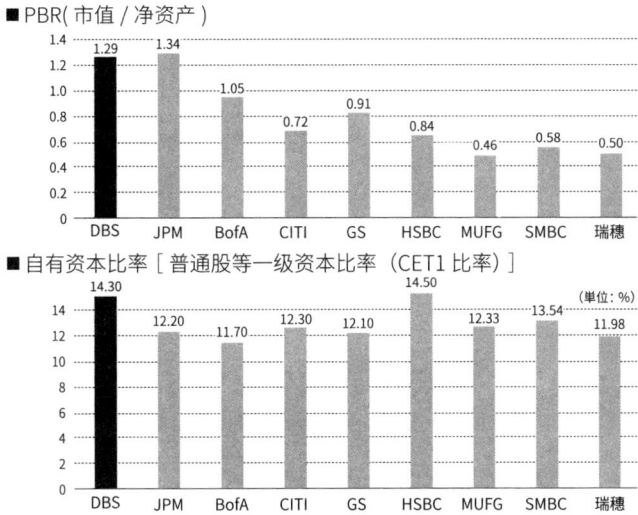

图 11-8 市场评价和安全性的比较

第 12 章

"金融 4.0" 来自日本

巴塞尔银行监管委员会的近期设想

2017 年 10 月 31 日，监督银行的最高权力机构巴塞尔银行监管委员会发布了一份题为《健全的银行惯例是什么：金融科技发展对银行及银行监管机构的影响》的实践报告。该报告在银行的企划和数字化转型部门一度成为热点话题，但却并不被大家所熟知。

在本章中，我想介绍一下上述这份报告中关于金融业的未来前景，以及我设想的新一代金融业与金融应有的样子。

巴塞尔银行监管委员会的报告以相对简洁的英文撰写，我认为这不仅对银行业的前景，而且对各个行业的数字化都具有参考意义，也推荐大家直接阅读原文文献，链接地址如下：

https://www.bis.org/bcbs/publ/d415.pdf

巴塞尔银行监管委员会报告中设想了 5 种未来场景。这些场景分析的最大特征是，将提供产品、服务的商家分为"服务提供者"和"客户接触点"两类，这表明巴塞尔银行监管委员会也认为与客户的联系很重要，并且还探讨在不久的将来将这两项业务分开的可能性。接下来让我们具体看一看这 5 种场景。

"优化银行": 通过数字化得以改善的银行的主导

第 1 种场景是,现有银行业务通过数字化和金融科技得以改善,而且现有银行将继续主导该行业。也就是说,现有银行将追赶并应用金融科技公司配备的 AI、大数据和云计算,通过数字化改善自身业务,在竞争中生存下来。报告中提到:"这些前兆中有些是可以看见的,但这种场景在总体上能有多大的支配力尚不清楚。"

"新银行": 新银行的控制

第 2 种场景是,现有银行将被称为挑战者银行的新银行取代,现有银行平台将被数字平台取代,现有的实体商店也将被数字商店取代,而在这场战斗中,拥有传统的现有银行从成本和速度上看可能会被淘汰。尽管有一些以新银行为目标的参与者已经出现,但还没有证据证明这种场景是有望实现的。

"分布式银行": 现有银行与金融科技公司之间的分工

第 3 种场景是,现有银行和金融科技公司将分担整个金融工作,可以想象双方不仅将在各自的擅长领域分工协作,而且还将在联合风险领域等展开合作,但前提是,客户可以利用多家金融机构,摆脱传统的仅能利用几家金融机构的惯例。

"降级银行"：现有银行的降级

第 4 种场景中的"relegated"，是"还原"、"降级"或"倒退"的意思。在这个场景中，现有银行将被新银行和金融科技公司淘汰。客户接触点主要被 GAFA 等大型科技公司和金融科技公司所掌控，而现有银行则降级为仅提供相关服务的供应商。该报告指出，尽管整个行业陷入这种境地的可能性很小，但从支付和在线借贷等业务业已能看出这个征兆。

"去中介化银行"：银行被破坏的场景

在第 5 种场景中，使用了术语"Disintermedia"（去中心化），但从内容可以看到，如图 12-1 所示，金融科技公司和大型科技公司将控制客户接触点和服务提供者双方。比起"去中心化"，"银行被破坏"的表达似乎更加合适。虽然这是目前可能性最小的场景，但区块链技术下的虚拟货币不需要利用现有银行，即可实现事物价值的转移，这将使其成为这一场景的强大工具。

在巴塞尔银行监管委员会的报告中，我认为最重要的一点是，虚拟货币将是去中介化银行场景中强大的工具之一。

我预想的 2025 年新一代金融蓝图

基于巴塞尔银行监管委员会对未来银行的预测，我想谈一谈自己对 2025 年新一代金融的设想。

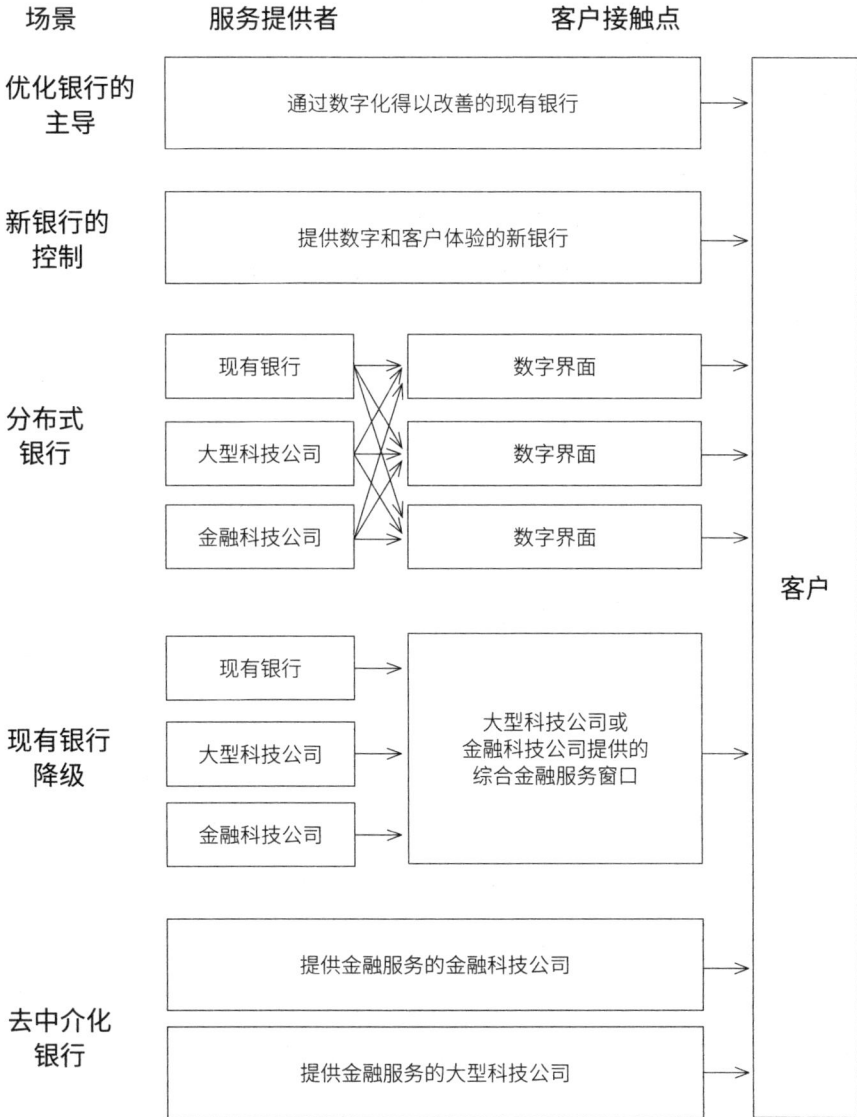

图 12-1 巴塞尔银行监管委员会预测的"5 种未来场景"

如第 10 章所述，首先最重要的是将客户分为企业和个人，再将企业分为大企业和中小企业，个人分为普通阶层和富裕阶层来进行设想。

在大企业交易中，我认为现有银行变身为"通过数字化得以改善的银行（优化银行）"的可能性最高。这是由于大企业交易作为公司金融的代表，是银行最专业的领域，因此与大企业现有的业务关系备受重视。

然而这一设想并不容易实现。随着大公司开始进入超出现有银行业务的数字化业务中，现有银行所需的数字化程度和服务水平便必将开始明显提高。除了客户期待的通过多种渠道享受的优质服务外，培养具备各个领域专业技能的高层次人才也至关重要。

我估计，中小企业交易业务将引发新银行的诞生，为此金融科技公司也将活跃起来，并有可能形成与现有银行共存的格局，尤其是科技公司将基于累积的商业大数据更加积极地开展借贷业务。

在现有银行和金融科技公司中，一方面将对自己提供的产品与服务标准化；另一方面，如何提高人工客服业务的生产效率和专业性也至关重要。对于区域金融机构而言，对已经开展业务的相关银行进行数字化，并提供某些附加价值将会成为一种生存策略。和大企业交易一样，有必要将数字化升级到可以为相关中小企业提供数字化支持的服务水平。强化人工客服业务的专业性，在地域密集型的利基市场中想要生存下去的金融机构也将出场。

	法人交易		个人交易	
	大企业	中小企业	普通阶层	富裕阶层
优化银行的主导	◎	○	○	◎
新银行的控制	△	◎	◎	○
分布式银行	△	◎	◎	○
现有银行降级	△	○	○	△
去中介化银行	△	△	△	△

图 12-2 "5 个场景"的可实现性

注:"◎"为高可行性,"○"为低可行性,"△"为不可行。

  面向普通消费者的交易,无疑将对现有银行产生最大的影响。如阿里巴巴这样的科技公司从支付业务开始不断扩展各类生活服务,很有可能会让现有银行成为在技术公司搭建的平台上单纯提供银行基础设施或一次性金融服务的存在。

  面向富裕阶层的交易可能是现有银行,尤其是大银行最想守住的业务领域。看看近期增加的大银行未来分支机构的布局,一方面面向普通消费者的交易通过数字化以节省人力,而另一方面明显让人感觉到大银行仍在致力于面向富裕阶层的交易。我认为该领域将可能诞生新银行,但是也有一些传统银行似乎正在开展全方位数字化以守住这一领域,这对后来者而言是一场残酷的战斗。

如上所述，在新一代金融场景中有几个重要视角，将客户分类为公司或个人，将为客户提供产品与服务的参与者分类为"服务提供者"和"客户接触点"，将参与者分为技术偏好或与客户关系偏好，同时还将根据是否偏好平台对参与者进行分类。可以肯定的是，上述分析中使用的方法对金融机构迟早要做的选择至关重要，现在正是需要选择和集中的时候。

对日本金融机构的建议

基于上述内容，我想给日本金融机构提几点建议。

之所以给在新一代金融业的战斗中处于最不利地位的日本金融机构提出建议，首先因为我自己是日本人，其次我希望这些针对日本金融机构的建议也能为其他参与者及不同行业人士提供参考。

三个要点

以下三点对日本金融机构思考新一代的战略和组织非常重要。

首先，要明确区分应尽早数字化的领域和作为传统仍将保留的领域，这将是最重要的管理决策课题。

其次，在决定要尽早数字化的领域，我们将把它作为重要的经营战略来执行，但是有必要注意，将数字化视为单纯的系统策略可能会导致似是而非的结果。

| 1 | 数字化一定会继续发展，因此要明确区分应尽早数字化的领域和作为传统仍将保留的领域。 |

| 2 | 在已决定尽早数字化的领域，将其作为重要的经营战略来执行。 |

| 3 | 在作为传统仍将保留的领域，需要加倍努力来精化人应该做的事情，并进一步提高银行的专业性和信赖性。 |

图 12-3　三个要点

最后，在作为传统仍将保留的领域，我们需要加倍努力以精化人应该做的事情，并进一步提高银行的专业性和信赖性。

8 家基准公司

在这里，我想具体介绍一下数字化策略和组织。首先是应该将哪些金融机构或企业作为基准，这需要对领先的金融机构进行彻底的分析。

表 12-1　以中美 8 家大型科技公司为基准

公司名称	经营模式
亚马逊	学习亚马逊在数字化背景下，如何在其业务中贯彻客户至上主义与优质客户体验这些愿景和使命。
谷歌	学习如何利用数字化整理信息并从中获利。
苹果	学习在数字化过程中，如何拟定针对客户生活方式或存在方式的提案。
脸书	学习它如何利用数字化将人和组织连接起来。
阿里巴巴	学习其如何以数字化为主要"武器"，在中国社会构建基础设施并以金融业务为轴心扩展业务。
腾讯	学习它如何通过数字化来改善生活服务。
百度	学习数字化如何帮助其将复杂的事情简单化。
华为	学习该公司在下一代 5G 通信中想要实现的目标。

星展银行通过将美国科技公司作为竞争对手来实现数字化。如第9章所述，星展银行的目标是像谷歌、亚马逊、网飞、苹果、领英和脸书那样的大型科技公司。此外，格莱德希尔从"如果亚马逊的贝佐斯从事银行业会怎么做"的角度进行了深入研究。因此，我强烈建议日本金融机构以美国和中国的科技巨头公司作为基准，具体包括8家公司，分别是美国的GAFA和中国的BATH。后发的日本金融机构想要超越星展银行等先行者，就有必要了解这些基准公司的经营模式。

关于亚马逊，要学习它在数字化背景下，如何在其业务中贯彻客户至上主义与优质客户体验这些愿景和使命。

从谷歌，学习如何利用数字化整理信息并从中获利。

从苹果，了解它在数字化过程中，如何拟定针对客户生活方式或存在方式的提案是具有参考价值的。

从脸书，学习它如何利用数字化将人和组织连接起来。

从阿里巴巴，重要的是学习其如何以数字化为主要"武器"，在中国社会构建基础设施并以金融业务为轴心扩展业务。

从腾讯，学习它如何通过数字化来改善生活服务。

从百度，学习数字化如何帮助其将复杂的事情简单化。

从华为，重要的是了解它通过下一代5G想要实现的目标。

上述内容也是每家公司的使命，从这个意义上讲，我认为在企业的使命中思考如何实现数字化非常重要。在某些情况下，企业可能需要刷新一下自己的使命。

我还将以这8家公司为基准进行分析的结果总结在名为《中美科

技巨头：从 BATH × GAFA 看中美高科技竞争》（*GAFA × BATH Beichu Megatekku no Kyoso Senryaku*）一书中，以供大家参阅。

体验设计策略

关于数字化战略可以提炼出许多重要的东西，第 11 章详细介绍了"全球最佳数字银行"星展银行的数字化战略。作为"自我毁灭"的议程，星展银行致力于"在破坏者之前先进行自己破坏"，"颠覆现有银行"，"通过数字化以获取利润"。作为数字化战略的支柱，我还想强调星展银行推进的"成为云原生"、"使用 API 改善生态系统性能"、"贯彻执行客户至上主义"以及"投资人员和技术"等策略。

在这一章中，我想谈一谈数字化策略的体验设计。

在本书中，我们反复提到了客户体验，在这里我想加入员工体验的价值，并且将设计客户和员工的体验价值这件事定义为"体验设计"。

让我们来看一下日本金融机构的体验设计吧。一直以来，日本的金融机构都是基于存款、贷款、汇兑等不同业务以及注重效率的流程来分配员工，并结合这些向客户提供服务。

为了革新这个过程，也就是改变日本金融机构过去认为理所当然的过程，有必要进行体验设计。重要的是，客户或员工是否能以自己的方式更加自然且舒适地接受或提供服务。

将客户行为视作客户旅程，设计一系列的客户体验，从感受客户的潜在需求到让他们接受公司提供的服务，甚至基于这些享受更舒适的生活。

客户体验 员工体验

提高客户
体验价值

←

提高员工
体验价值

以客户为中心 以员工为中心

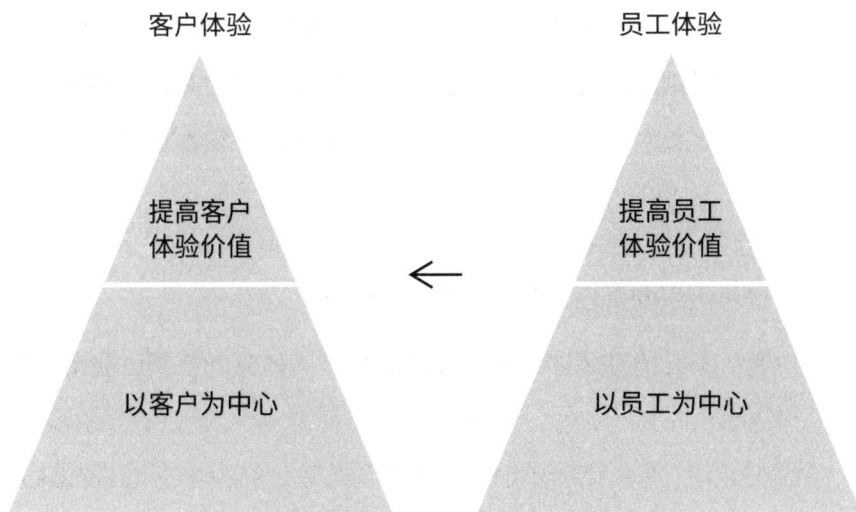

员工体验的提升可以促使客户体验的提升

图 12-4 体验设计

而关键在于，为了让员工提供优质的客户体验，企业为员工提供
出色的体验就很重要。

体验设计的目的不仅是在系统上构建客户界面，还要确保客户即
使在潜意识水平上也觉得自然舒适。

为此，除非客户感受到"与他们打交道的员工正在自然舒适地工
作"，否则很难觉得这些员工拥有"出色的经验"。

有鉴于此，我们可以总结出体验设计的两个关键点：

设计员工体验，使每位员工都能发挥自己的特长和个性，并且能
自然舒适地工作。

设计客户体验，使每位客户都可以获得他们内心期待的服务。

为客户提供优质的服务，与客户建立长期良好的关系，最重要的经营指标就是数字化，但同时，日本金融机构也必须注重经营其员工体验。

从橙色组织向青色（Teal）组织的变革

作为一家既能满足客户体验又能满足员工体验的组织，我最关注的是青色组织。

"青色组织"是一种组织策略，出自弗雷德里克·莱卢（Frederic Laloux）的 *Reinventing Organizations*（组织再造）一书，该书自出版以来就获得了大量关注。虽然书中没有使用"客户体验"或"员工体验"等术语，但我认为，他们的实践过程中所提出的青色组织的想法值得参考。

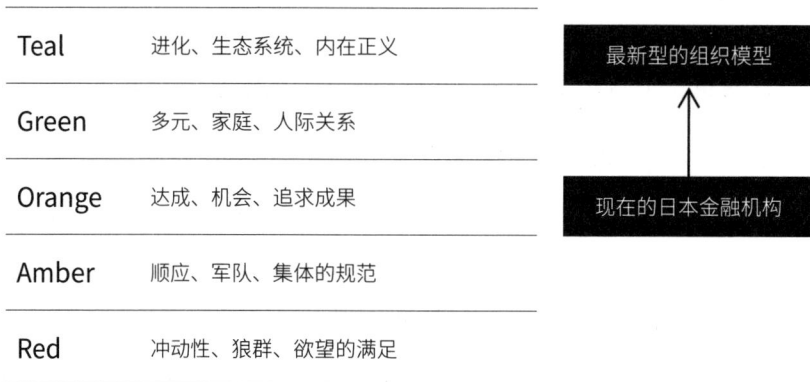

Teal	进化、生态系统、内在正义
Green	多元、家庭、人际关系
Orange	达成、机会、追求成果
Amber	顺应、军队、集体的规范
Red	冲动性、狼群、欲望的满足

最新型的组织模型

↑

现在的日本金融机构

图 12-5　从橙色组织向青色组织的变革

　　莱卢结合行业发展趋势，将组织模型的演化过程分为 5 类并以不同的颜色标注，该组织模型从红色→琥珀色→橙色→绿色，演变为第 5 种颜色青色，从而来匹配最高级的组织模型，所以称为青色组织。

　　就日本金融机构的组织发展而言，值得注意的是第 3 种橙色组织。该组织是基于产业革命诞生的一种行为模式，即将公司整体目标细分部署给各部门及员工个人，并通过各自达成的成就来实现目标，通过分析我认为日本许多金融机构仍处于橙色状态。

　　与橙色组织相反，在青色组织中，管理层和主管不用指示或管理员工的工作。青色组织的特征是，没有金字塔形的层级结构，所有成员齐心协力为社会提供价值。

　　在青色组织中，上述员工体验得以实现，员工有活力地自主工作，进而给顾客提供优质的客户体验。

　　《青色组织》中用大量篇幅介绍了荷兰一家大型家庭护理机构博组客（Buurtzorg）。博组客的特点之一，就是在那里工作的员工具有出色的经验，因此获得了较高的客户评价。该组织的特征包括，最多由 12 名员工组成的"团队"，以及鼓励每个团队根据博组客的 6 个目标自由行动。

　　在此我想表达的是，个人业主形式是荷兰相对普遍的工作形式之一，在这种每个人自己对自己负责的形式中，青色组织才能实现。换句话说，为了获得卓越的体验，员工必须为自己的行为和关系承担相应的责任。因此，如果员工仅主张自己的权利并将自己无法获得优质体验怪罪于公司的话，就难以实现青色组织。

这让我想起了星展银行，每位员工都被赋予了权利和责任，促使每位员工以自己为起点进行自主管理。

我将青色组织列为日本金融机构进行数字化时的必要组织，对学过青色组织的人来说可能会觉得难度太大。但是，想想"全球最佳数字银行"——星展银行所做的事情，我认为日本金融机构如果不进行这种组织变革，将无法在全球数字银行之战中幸存。

只有转型为青色组织，才能实现为客户和员工创造各自价值的体验设计。这就是为什么我们需要一种企业文化。在这种文化的熏陶下，员工可以像初创公司那样有效率、有活力地工作。然而对于在数字化转型中失去它的组织来说，这将是一场极其艰苦的战斗。

新一代金融场景的关键点一——区块链

正如巴塞尔银行监管委员会的报告中所述，新一代金融场景中的关键点之一便是区块链。

区块链始于虚拟货币，这是基于西本聪发表的论文中提出的"比特币"开始运作的。

区块链也称为分布式账本。一定数量的信息被编译为一个区块，并将其作为最新区块链接到过去创建的区块。因为这些块与块之间互相链接，所以称之为区块链。

区块链具有难以伪造、系统稳定、维护成本较低等特点，现已被应用在以金融领域为首的各个行业中。

比特币，作为区块链起点的虚拟货币，被寄予成为新一代货币的厚望，市值也曾一度暴增。但是，由于无法即时结算，汇率波动剧烈，以及在违规操作和黑客攻击方面存在脆弱性等缺点，势头已大不如前。

从虚拟货币向加密资产的进化

在2018年11月召开的G20首脑会议的宣言中，已明确将虚拟货币计入加密资产。受此影响，日本金融厅也于同年发表了同样的声明。

G20等国际会议对加密资产进一步分类及定义进行过讨论，当前加密资产的分类如图12-6所示。

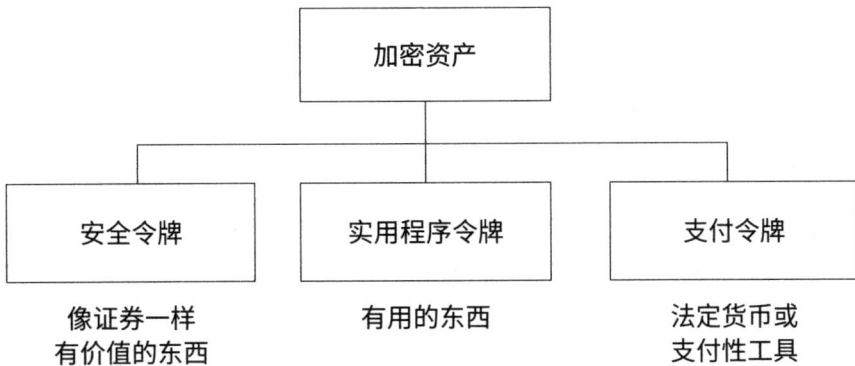

图 12-6　加密资产的分类

首先，加密资产可以分为安全令牌、实用程序令牌和支付令牌，目前该分类方式已被瑞士和新加坡金融当局采用，并且有望在今后得以广泛普及。安全令牌像证券一样，是具有价值的东西，实用程序令牌是具有实用性的东西，支付令牌是法定货币或具有支付功能的东西。

到目前为止，大部分伴有初始代币发行（ICO）的融资被视为安全令牌。美国证券交易委员会几乎将所有ICO都看作"证券"，并且符合现有法律法规。同样在日本，几乎所有ICO有望以《金融工具交易法》为依据进行交易活动。

安全令牌进一步可细分为债券型令牌、股票型令牌、混合型令牌和派生型令牌，这种分类与现有金融工具的分类方式相同，不难预想金融交易正在向加密资产进化。

"虚拟货币并没有死"

随着虚拟货币被叫作"加密资产"以来，绝大部分安全令牌的ICO被视为"证券"。仅凭这一点来看，似乎"虚拟货币已经死了"。

但是，我认为虚拟货币并没有消亡，它反而在极度混乱中向前迈进了一步，并为"死去的事物"和"幸存的事物"下了明确的定义。

麻省理工学院媒体实验室以参加者身份在2019年CES的"区块链与媒体和广告的未来"分会场作了口头报告，并预测说："区块链今年可能比较无聊，因为区块链今年正在被许多场合引入使用。"

在2019年CES上，中国的零售和电子商务领域的两大巨头——

阿里巴巴和京东展示了区块链下的商品溯源系统。区块链的主要特征是，可以分散保存、共享同一数据，并能像链条一样在过去的数据之后叠加记录新的数据。利用这一特点，它们建立了区块链流通管理系统，旨在追踪食品的流通路径，以防食品造假。

日本也在推进区块链的实用化。随着去现金化的发展，小额结算交易日益剧增，三菱 UFJ NICOS 看准了这项业务，并利用区块链技术开发了用于新结算的基础设施。现在，结算处理速度在 2 秒以内，拥有全球最快的、每秒处理 100 万件交易容量的新的结算系统在日本诞生了。

另外，美国证券交易委员会于 2018 年 6 月宣布，虚拟货币中的比特币和以太币将不被视作证券，同时还公布将大多数 ICO 纳入监管范围。判断依据是被用作基础设施的区块链网络是否完全被分散化等，如果满足一定条件将不被认作是"证券"。

随后，日本的金融厅也做出了同样的决定，明确表示有"货币属性"的东西受《资金结算法》的限制，有证券属性的东西受《金融工具交易法》的限制。更具体一些，据金融厅研究委员会的资料显示，虚拟货币 ICO 可以分类为"没有发行者的虚拟货币"、"有发行者的虚拟货币"以及"有发行者并且发行者有义务在将来分配业务利润等"。对于前两类，将一如既往地使用《资金结算法》来应对，而对于被认作分红投资的第三类，和有价证券一样，正在探讨引入基于《金融工具交易法》的注册制。

进入 2019 年之后，又传来了大新闻，美国证券交易委员会的执行人罗伯特·杰克逊（Robert Jackson）表示，比特币 ETF 申请最终将可能获批。在比特币 ETF 通过审核之际，机构投资者有望加入虚拟货币市场。我个人觉得这项申请到实际获批还需要一年左右的时间，但是大趋势本身不会变。

我自己对虚拟货币未来的发展是深信不疑的。自 2018 年下半年以来，我经常从以前共过事的同僚们那儿听到，有关美国总部的优秀人才已经开始转向虚拟货币业务领域的消息。作为新一代的金融服务，以数字资产为对象的安全令牌业务开始受到关注。除此之外，美国金融机构也在暗中秘密筹备狭义的虚拟货币业务。

从这些动向可以看出，很明显"虚拟货币并没有消亡"，而是在极度混乱的局面中又向前迈进了一步，为"死去的东西"和"幸存的东西"给出了明确的定义。

新一代金融场景的关键点二——新的价值观

我认为在设想新一代金融场景时，还有一个重要的关键点，那就是价值观的变化。

在当今世界，所有变化都源于科技的发展。目前，各个行业都在发生变化，而且它们彼此之间相互影响，加快了变化的速度。在我的研究课题"新一代汽车行业"中，已经开始融合 IT、电气、电子、通信、电力以及能源等各个领域。

新技术的商业化进度也提前了许多，一个典型例子是人工智能在全自动无人驾驶汽车上的实际应用。直到最近，人们一直认为它的实际应用将会到 2025 年，最早也要到 2022 年左右。然而，美国通用汽车在 2018 年 1 月便宣布，无人驾驶汽车会在 2019 年实现商业化；不久，谷歌也在 2018 年 12 月开始了无人驾驶出租车的商业化，它们的发展速度实属惊人。

科技的进步，也给我们的价值观带来了巨大的变化。现实生活中，每个人都可以发挥自己的个性和特长来创作一些东西并发布于世，通过这样的方式来"工作"的时代已然来临。

比如，通过个人与个人之间交易的二手平台应用程序而闻名的 Mercari，只要有智能手机，就可以拍照上传，同时轻松出售东西。Mercari 创建的平台正在影响人们的工作方式，并在试图改变生活方式的重心。

大家是否知道卷纸芯曾在 Mercari 上出售并成为热门话题？许多人一定会觉得垃圾卖不出去吧。但是，就有一些人会想要乍一看没什么用的厕纸芯。如果一次将几十个卷纸芯摆放在一起，就会发现它们可用于"小学生的手工材料"，这一新用途将创造新的价值。像这样能够找到发现全新价值的人，正是将我们每个人连接在一起的互联网技术。

一切都是资产

如衣服、家具、家电、杂货和小饰品等日用物品，不再需要的话就被称为闲置品，可以通过回收再利用等方式，总的来说就是为了减轻环境负担而被"资源化"。但是，Mercari 已经让迄今为止完全没有价格的东西实现了"资产化"。

不只是现成的产品，那些擅长手工制作的人也可以发挥自己的才能创作配饰和手提袋等物件，然后挂在平台上出售。近年来，由于个人与个人之间新型交易市场的出现，日本国内的业余爱好市场正在不断扩大。

此外，物品的"资产化"不仅限于实物。用户还可以使用智能手机出售自己擅长或喜欢的无形物品。例如，如果你擅长绘制插图，就可以利用该技能来绘制并出售某人的肖像图片，因为像推特之类的SNS 要求用户将肖像图用作个人简介的图标。

擅长写作的人、会做饭的人、逗人开心的人、擅长推荐电影的人、会唱歌的人……每个人的"技能"都可以在这里变现。

在公司工作已经不是唯一的"工作"方式了，如果能通过某种手段向某人提供某种东西，那将会产生相应的回报。所有的一切都是为了"创造某种东西"，而在这个过程中能够创造价值。

"Prosumer（生产性消费者）"和"Sellsumer（卖方）"

有些东西在现实生活中虽然重要，却很难得到周围的评价。例如，对人和善、体谅别人、支持别人、为别人加油等对人产生某种影响的行为，现在已经可以重新获得外界的评价了。

在以前，这些东西无法像技能那样直接与评价联系在一起。但是，在最新高科技蓬勃发展的区块链和基于这种技术扩张的数字货币经济中，一种可以自由传递自己的想法并评价其对周围有多大影响的机制已经设计好了。现在这种系统已经投入使用，它可以根据每个人感受到的影响力进行评价，并提供数字货币作为奖励。

利用新的服务（如 Mercari）或技术（如区块链），诞生了称为"卖方"的消费者。

1980 年，阿尔宾·托夫勒（Albion Toffier）在《第三次浪潮》（*The Third Wave*）中指出，这次浪潮预测了信息革命引发的社会结构变化，其中出现了将生产者（Producer）和消费者（Consumer）合并后的一个词，"生产性消费者（Prosumer）"。托夫勒对该词的定义是，对于以生产为主的公司，个人通过参加公司的生产企划，即可产生创造新产品的消费者。

在 Mercari 的 C2C 平台上，有许多出售商品的"卖方"。换言之，消费者现在既是"生产性消费者"又是"卖方"。

影响工作风格的 12 种范式转变

最终人们的工作风格和工作方式也将发生巨大的变化。在日本，政府一直在推进工作方式的改革，但是像图 12-7 所示的因素要比政府的影响更大。包括副业在内，同时从事多种工作的并行职业等不受工作时间和场所限制的自由工作方式也变得流行起来。

1. **"超长寿社会"而不是"超老龄化社会"**
   从高龄者增加的视点，向从超级长寿世界已经到来的视点出发，构建新的工作方式和生活方式的转变。

2. **"并行职业"而不是"单一职业"**
   从在单一职场工作的单一职业时代，向不仅仅改变了工作方式和工作形态，而是作为毕生事业拥有多个职业的时代转变。

3. **"Prosumer 和 Sellsumer"而不是"消费者"**
   从单纯的消费者，向自己参与生产、在 C2C 和 P2P 平台上直接销售的创造者转变。

4. **"自我实现欲求"而不是"缺乏欲求"**
   从为了吃、为了活着、为了得到认可而工作，向为了实现自我和自己的存在方式以及实现自己的生活方式而工作的转变。

5. **"成长与贡献"而不是"金钱报酬"**
   由于第 4 点的影响，在工作中从注重金钱上的报酬，向能否对自我成长和解决社会问题做出贡献的转变。

6. **比起"货币经济"更注重"评价经济、价值经济"**
   从重视用货币评价的世界，向重视"评价 = 实际价值""价值 = 真正价值"的世界的转变。

7. **"共享，订阅"，而不是"拥有，购买"**
   从拥有或购买商品和服务，向重视经验价值、共享和使用订阅的世界转变。

8. **比起"提供的商品 & 服务"更注重"对生活方式的建议和支持"**
   从接受提供的产品和服务的需求，向接受反映自己生活方式的建议和支持这样的需求高度进化。

9. **"水平 & 分散"而不是"垂直 & 统合"**
   从大公司的垂直和统合方式，向由于技术和价值观进化而形成的水平分工和分散化以及专业个体主导方式的转变。

10. **比起"个人成绩"，"团队成绩"更重要**
    在职场和社会中，更重要的不是"个人成绩"，而是"团队成绩"。

11. **"简单、迷你"而不是"复杂、烦冗"**
    从追求复杂、烦冗的状况，向追求简单、迷你的状况变化（当然也受到欲求减退的影响）。

12. **"与 AI 竞争"不如"与 AI 合作"**
    不要认为人工智能夺去了人的工作，而是要区分人工智能应该做的事和人应该做的事，达成与人工智能合作的世界。

图 12-7　影响工作方式的多重模式转变

一方面，积累自己一直从事的职业活动；另一方面，又能胜任多个职业的话，自然比起公司的名字和在公司的头衔，自己的存在方式以及对工作的价值会变得越来越重要。实际上，在各类人士聚集的交流会等场合，大家交换的不再只是工作公司的名片，越来越多的人也开始交换在工作公司外从事活动的名片。的确比起公司的名字和在公司的头衔，自己的生活方式和工作风格变得更加重要。

日本新经济公司的诞生

让我们再次把话题拉回到新一代金融产业。

上述关于社会和价值观的变化，是创造新金融系统和新平台的原动力。正如刚才所说，随着科技的不断进化，一直以来不被认可"价值"的事物也开始重新获得外界的评价。我认为新金融系统和新平台将会出现在 C2C 或 P2P 领域，比如前面介绍的 Mercari，这是因为它与区块链、云资源、共享等新一代商务核心之间具有极高的融合性。WIRED 的创刊主编，在美国科技界具有超级影响力的凯文·凯利 (Kevin Kelly) 在他的书中这样写道："未来 30 年里，财富的最大来源——最有趣的文化创新——将出现在这个方向的延长线上。2050 年规模最大、增长最快、获利最高的公司，应该是发现了现在尚未看见、尚未获得评价的新共享形式的公司。可以实现共享的东西包括思想与感情、金钱、健康、时间，以及满足了一定条件和合适收益的任何东西。"

Mercari 已经不仅仅是"事物领域"的应用程序软件，还在英语课程等"虚拟事物领域"开展业务。此外，Mercari 也在进行 C2C 的投资基金业务，我认为它正在试图通过成为 P2P 平台公司来创建 Mercari 规模经济。

Mercari 还在创建并培育强大的二级分销市场。把不需要的东西拿出来"共享"也算是广义的共享经济，或者是从金融的角度来看，这是顾客衣橱中的库存流动化，也是动产、库存、广义的有价证券（包括演唱会门票等）等"资产流动化"。

我认为 Mercari 极有可能成为 P2P 平台公司，这是因为执行官山田进太郎多次强调"互联网本来就是赋予每个人权力的东西"，并对注重个人和团队能力的业务发展抱有很强的执念。

在日本，拥有像 Mercari 这样价值观的组织或个人也在陆续诞生。毫无疑问，日本有许多值得向世界夸耀的地方，比如细致、准确、认真、灵巧、礼仪、追求安全、高水平的国民素质等。

日本的出路是在于克服日本的弱点，还是在于活用日本的优点，到底朝哪个方向发展更令人期待呢？答案是显而易见的。

如果我们将这个话题置入新一代金融业来看，很显然日本应该利用自己的优势，以极致的认真和专业技术引领世界。日本大多数年轻人持有的"给予人力量"这一价值观本身就是一大武器。

在日本，Mercari 等新经济公司的诞生创造了一个时代，在这个时代，每个人都可以发挥自己的特长和个性来创造新事物，并公之于众，以这种方式工作的可能性越来越大。

随着科技的发展，几乎所有的个人"技能"都可以变现，例如烹饪、绘画和写影评。而且，老年人累积的阅历和经验，让他们拥有了许多宝贵的技能。

男女老少，每个人都能发挥自己价值的社会。

在现实世界中最重要的是转向真正有价值的社会。

向世界输出超长寿社会的结构。

在去中心化的 P2P 社会中实现超长寿社会。

利用区块链的分布式金融系统来支撑实现超长寿社会的目标。

"金钱" 到底是什么

那么"金钱"（货币）到底是什么呢？在此我再为大家谈一谈金钱的本质。

自从虚拟货币被日本媒体报道以来，越来越多的内容涉及货币的三项基本职能，即"价值交换与支付手段"、"价值尺度与计算单位"和"价值贮藏手段"。

在思考事物的本质时，我总是先看一下正在使用的定义，同时从全局出发俯瞰观察该事物被使用的样子，并以超长期的广角思维方式进行判断。

所以我认为，金钱的本质就是，使用它的人是否相信它真的具有一定的价值。

货币种类繁多，包括以贝壳、宝石、黄金、白银为代表的实物货币，不与黄金挂钩的信用货币，以及现在成为焦点的虚拟货币。

即便与黄金脱钩，美元也能确保其作为基础货币的地位，这是因为人们一直相信"即使没有实物资产黄金作后盾，美元也能作为通用货币流通"。在政治、经济、社会、科技等领域，以及大时代的变化中，"现实中什么东西可以作为通用货币"这一问题本身也在发生变化。

重要的是，在人们的价值观发生巨大变化时，"现实中什么东西可以作为通用货币"，以及"货币应该代表什么样的价值"等问题也遭到了质疑。

寻找新指标和货币的新定义

随着政治、经济、社会、技术等领域的不断变化，人们的价值观也在发生变化，以 GDP 为代表的国民经济计算以及经济指标也开始寻求新的衡量尺度。

麻省理工学院斯隆管理学院教授埃里克·布莱恩约弗森（Erik Brynjolfson）等人的著作《第二次机器革命》（*Second Machine Age*）中，描述了在新时代寻求新的经济指标的动向。

"新指标将有不同的表现形式和测量方法，以下是已经在实际中使用的一些指标和测量方法。联合国开发计划署（UNDP）发布的人类发展指数是一项综合性经济社会指标，利用健康和教育等指标衡量社会的富裕程度和进步水平。开发计划署还在 2010 年引入了多维贫困指数（MPI），该综合指数根据营养、卫生条件和安全饮用水等 10 个指标来评估发展中国家的贫困状况。此外，该指数中的婴儿死亡率和其他保健指标是基于各国定期实施的人口保健调查（DHS）等数据计算而来，而且一些有潜力的项目也在参与这些指标的测量。经济合作发展组织（OECD）设立了'经济状况与社会进步计量委员会'，在认识到经济和社会指标 GDP 的局限性下，探讨了追加其他附加信息的必要性。该委员会由约瑟夫·斯蒂格利茨（Joseph Stiglitz）主持，阿玛蒂亚·森（Amartya Sen）以及让－保罗·菲图西（Jean-Paul Fitoussi）出席了会议。除了基本需求的满足度和社会福利的充实度以外，迈克尔·波特（Michael E. Porter）、斯科特·斯特恩（Scott Stern）和罗伯托·劳里亚（Roberto Lauria）等经济学家追加调查了自杀、财产权、学校出勤率、移民待遇、女性地位等各类项目，创建了社会进步指标。此外，不丹还推出了一个独特的指数——'国民幸福指数（GNH）'，并得到了全世界的关注。民意调查公司盖洛普多年来一直在进行国民幸福度的调查。"

可以看出，上述内容主要也是因为人们的价值观发生了变化。《第二次机器革命》中还指出了 4 种无法以当前经济指标来衡量的资本，即知识产权、组织资本、用户生成内容和人力资本。

知识产权包括专利和版权等资本。组织资本是指业务流程、生产技术、组织形式、商业模型等资本。用户生成内容是诸如脸书、YouTube、推特和照片墙等用户免费发送的内容。人力资本被认为是四种资本中最重要的无形资产。

在这种情况下，我认为现在是时候对货币重新下定义了，让我们通过 PEST 分析来看一看。

在政治方面，面对大国紧闭，而大型科技公司却对外开放的对峙格局中，需要跨越现有国界与规模经济的新"货币"。

在经济方面，在自由资本主义和统制资本主义互相冲突的构架中，需要一种能迎合新资本主义的新"货币"。

在社会方面，诞生了前面介绍的新的价值和价值观，在此过程中，人们需要能够代表这些的新"货币"。

在技术方面，通过区块链和数字化等技术，已经具备了创造上述新"货币"的技术基础设施。

而且我还发现，象征寻求"货币"新定义的动向，也在寻找比特币那样的虚拟货币。

新金融系统——"金融4.0"

在本书的最后一章，我觉得应以"金融4.0"来命名下一代的新金融系统。这一概念是指"新一代的新金融体系，代表了新的价值和价值观"。

接下来我将详细说一下什么是"金融4.0"。

从使用的技术和基础设施来看，面对面的金融形式是"金融1.0"；基于互联网的金融形式是"金融2.0"；以智能手机为中心，阿里巴巴和腾讯等中国公司主导的仍在发展中的金融形式被称为"金融3.0"；可以充分利用分散型技术的区块链，以及作为新评价经济的基础设施的金融形式便应被称为"金融4.0"。

　　日本大银行和美国摩根大通正在致力于研究区块链技术下的数字货币，这意味着"金融4.0"的基础设施部分已经开始进入萌芽期。

　　我将"代表了新的价值和价值观的新一代的新金融体系"定义为"金融4.0"，其中最重要的是之前所述的价值观的变化。让普通人拥有的各种技能等在被视为持有新"资产"的情况下发挥威力的正是"金融4.0"。

　　"金融4.0"在某些方面与传统的资产流动化相似，但区别在于通过区块链进行管理、投资者购买的代币可以流通，而且个人可以购买等方面。

各种定义发生变化

　　"金融4.0"将重新审视金融存在的意义。每一位金融参与者都被要求给出"在新金融业务中，自己的定位是什么？"的具体规划。

　　到时候，各种各样的定义会发生如下的变化：

"金融"的定义发生变化

"直接金融与间接金融"的定义发生变化

"目标资产"的定义发生变化

"数据"的定义发生变化

"风险和风险分析"的定义发生变化

"金融产品"的定义发生变化

金融的"用户界面 / 用户体验"发生变化

| 使命 | 在新时代中代表了新的价值和价值观的新金融体系 |

| 愿景 | 提出"在新的金融商务中是怎样的存在"的伟大设计 |

战略

"定义"发生变化

* "金融"的定义发生变化
* "直接金融与间接金融"的定义发生变化
* "目标资产"的定义发生变化
* "数据"的定义发生变化
* "风险和风险分析"的定义发生变化
* "金融产品"的定义发生变化
* 金融的"用户界面 / 用户体验"发生变化

新的定位图

大规模定制

"大量定制类型"

"特定细分类型"

"传统金融产品"　"动态数据类型"

"大数据 ×AI"的风险分析能力

"金融业务"的变化

* P2P 和 C2C 将变得重要
* "大数据 +AI"变得重要
* 在现有数据中加入动态数据
* 风险分析更加精细化
* 金融产品的设计将会多样化
* 传统金融商品"低价化"

"金融 4.0 型玩家"登场

* 维持原有业务的客户接触点
* 与客户保持更加密切且频繁的联系
* 累积数据
* 具备"大数据 +AI"的分析能力
* 启用大规模定制
* 将金融业务垂直整合到核心业务中
* 提供预约

市场营销的 7p

Product	"资产"和"风险"的定义会变，"金融"的定义也会变，"金融商品"的定义也会随之改变（金融商品的多样化和大规模定制化）
Price	"生涯成本"变得更加重要，而日用商品在不断地低价化
Place	P2P 和 C2C 的销售渠道将变得更加重要
Promotion	基于 P2P 和 C2C 层面与客户保持平等关系的对话型社交变得更加重要
People	人，每个人持有的价值观，真实接触点，与客户保持平等且亲密的关系，都将变得更加重要
Physical Evidence	与网络完全整合的 OMO 实体分支机构和金融顾问将变得更加重要（单纯去实体店的必要性进一步降低）
Process	现有的价值链将被破坏，新的层状结构将会诞生，这将形成以新的"价值链结构 + 层状结构"和"用户界面、用户体验"为中心的一场战斗

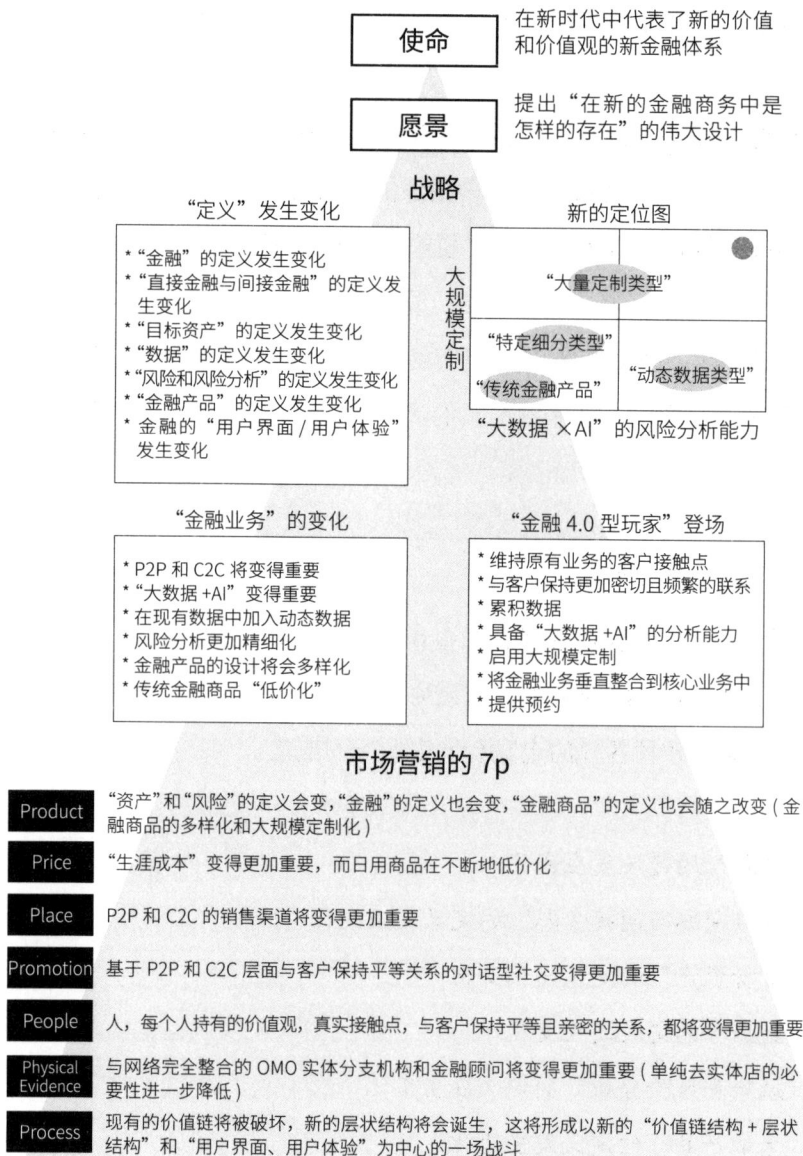

图 12-8 "金融 4.0"：2025 年的新一代金融

金融业务本身也正在从以下几个方面发生变化：

P2P 和 C2C 变得重要

"大数据 +AI" 变得重要

在现有数据中加入动态数据

风险分析更加精细化

金融产品的设计将会多样化

传统金融产品 "低价化"

"金融 4.0" 之下将诞生新的参与者，它们具备以下几个特征：

维持原有业务的客户接触点

与客户保持更加密切且频繁的联系

累积数据

具备 "大数据 +AI" 的分析能力

启用大规模定制

将金融业务垂直整合到核心业务中

提供预约

最后让我们通过服务营销的营销组合——7P 分析，具体看一看 "金融 4.0"。

在"金融4.0"中，"资产"和"风险"的定义变了，"金融"的定义变了，"金融商品"的定义也随之发生了变化（Product：商品与服务）。正如在介绍 Mercari 时所述的那样，作为金融对象的资产在扩大，提供的金融商品也会越来越符合每个人的需求，同时也在不断要求新的"原创"商品（金融商品的创造和开发）。

在"金融4.0"中，"生涯成本"变得更加重要，而日用商品在不断地低价化。一方面，必须重视与客户之间持续的长期关系；另一方面，一次性传统型金融商品的价格也在不断下降。

在"金融4.0"中，P2P 和 C2C 的销售渠道变得越来越重要。新一代金融业的金融商品将通过客户与客户之间的联系得以扩张，在客户互相联系的世界中，仅凭金融机构一方的运营是无法拓展商品销售的。

在"金融4.0"中，基于 P2P 和 C2C 层面与客户保持平等关系的对话型社交变得更加重要。作为新传统幸存的平等关系和对话型交流，在未来实体分支机构中将变得越发重要，这部分工作需要人类来完成，而不是 AI。

在"金融4.0"中，人、每个人持有的价值观、真实接触点、与客户保持平等且亲密的关系等，都将变得更加重要。这是 7P 分析中最重要的部分。

在"金融4.0"中，与网络完全整合的实体分支机构和金融顾问（真正的金融专家）将变得更加重要。在到访实体分支机构的必然性不断下降的同时，实体分支机构中幸存的要素也将更加明确。

　　在"金融4.0"中，现有的价值链将被破坏，新的层状结构将会诞生，这将形成以新的"价值链结构＋层状结构"和"用户界面、用户体验"为中心的一场战斗，毕竟，客户体验很重要。

　　"金融4.0"的"游戏规则"如第1章所述，这是围绕客户接触点、客户体验以及与客户之间保持持续且良好关系的战斗。

　　在这场战斗中，起初与规模经济并没有太大的关系，反倒是规模较大的金融机构因为传统"遗物"可能处于不利的地位。而较小规模的企业可能会在获取客户联系、客户体验以及与客户之间保持持续且良好关系的战斗中占据优势地位。

　　作为结语，我想再次引用凯文·凯利的一段话。

　　"未来30年里，财富的最大来源——最有趣的文化创新——将出现在这个方向的延长线上。2050年规模最大、增长最快、获利最高的公司，应该是发现了现在尚未看见、尚未获得评价的新型共享形式的公司。可以实现共享的东西包括思想与感情、金钱、健康、时间，以及满足了一定条件和合适收益的任何东西。"

　　伴随科技的进步，今后会有越来越多的人进行合作、协调、协作，以创造新的价值。我认为上述中的可共享事物为了实现共享的"一定条件"中，最重要的是"信任"。也就是说，即使技术不断发展，事物实现共享并建立链接，除非在此建立的平台和机制得到信任，否则也将难以生存。因为不管是过去、现在还是将来，人们的潜意识里渴望得到的还是信任。

　　在新一代分散型金融体系和平台当中，不仅仅是信用，信赖也将获得评价，并且人们的多样性和个性将得到充分的发挥。如果以本书为契机，可以使这样的新金融体系和平台诞生在日本，对我来说那将是最幸福的事了。